ちくま新書

ヨーロッパ 繁栄の19世紀史

――消費社会・植民地・グローバリゼー

玉木俊明
Tamaki Toshiaki

ヨーロッパ　繁栄の19世紀史――消費社会・植民地・グローバリゼーション【目次】

第三章　労働する人々　103

第五章 世界支配のあり方 177

図版作成＝朝日メディアインターナショナル

序章　ベルエポックの光と闇

†昨日の世界

第一次世界大戦勃発前の約一〇〇年間、ヨーロッパは、「ベルエポック」と呼ばれる全盛期を迎えていた。

その様子を描いた最良の作品として、一八八一年にオーストリアの首都ウィーンで生まれたユダヤ人の作家シュテファン・ツヴァイクが、一九四〇年、逃亡先のアメリカで書き上げた『昨日の世界』（みすず書房）がある。同書から、ヨーロッパが安定していた頃、第一次世界大戦前の「ベルエポック」の姿が見てとれる。

ツヴァイクはいう。「私が育った第一次世界大戦以前の時代を言い表すべき手頃な公式を見つけようとするならば、それを安定の黄金時代であったと呼べば、おそらくいちばん

的確ではあるまいか」（同書、第一巻、一五頁）
ツヴァイクは、ウィーンでの経験にもとづいてこう表現したわけであるが、それはおおむね、この時代の西欧全体にあてはまる。
ツヴァイクは、こうもいう。

年下の友人たちと話をしていて、第一次世界大戦以前の時代のエピソードを語ると、いつでも彼らが驚いて質問するので、私にとってはまだ自明な現実を意味していることの実に多くが、彼らにとってはすでに歴史上のこととなって想像もつかないものとなっている、ということに気づくのである、そして私の心のなかのひそかな本能は、それももっともなことだと思う。われわれの今日とわれわれの昨日や一昨日とのあいだのすべての橋は、壊されてしまったのだ。（同書、第一巻、六頁）

ツヴァイクにとって自明であったことが、のちの世代にはそうではなくなった。そこには大きな断絶がある。すべての橋は壊された。第一次世界大戦以前の「ベルエポック」は、永遠に失われてしまったのだ。

ツヴァイクは、『昨日の世界』を書き上げた二年後、一九四二年に、第二次世界大戦の絶望の中、異国ブラジルで自殺した。彼の記憶の中のヨーロッパと現実のヨーロッパは、大きくかけはなれてしまったのである。

†ベルエポックとは何か

いま述べた「ベルエポック」という言葉であるが、これは「良き時代」を意味し、おおむね一九世紀のヨーロッパの最盛期、ナポレオン戦争が終結した一八一五年から第一次世界大戦勃発（一九一四年）までのおよそ一〇〇年間を指す。

この時代の最大の特徴は、ヨーロッパ諸国がヨーロッパ外世界に進出し、次々に植民地を建設したことにある。ヨーロッパが世界の支配者になったのである。ほかにも、この繁栄を誇った時代のヨーロッパでは、次のような変化がおこった。

・民主主義政治が発展した。
・イタリアやドイツの統一により「国民国家」が当然のものとなり、国家の理想形と考えられるようになった。

・生活水準が上昇し、砂糖・コーヒーなどを消費するようになり、また余暇の時間が増大した。
・市民の生活が豊かになったので、社会が安定した。

このようにベルエポックとは、ヨーロッパ人にとっては、すべてがバラ色に見える時代であったのだ。

†被植民地人にとってのベルエポック

しかし、いうまでもなく、この第一次世界大戦前の時代は、ヨーロッパ人にとって「良き時代」だったにすぎない。ヨーロッパ以外の地域に住む人々の多くにとっては、この時代は「良き時代」どころか、「悪しき時代」であったのだ。

この時代は、ヨーロッパが豊かになる一方で、世界の多くの地域は、ヨーロッパにより植民地化された。そして、ヨーロッパ人にとっては、ヨーロッパの価値観こそが重要であり、被植民地人（先住民）の価値観は、一顧だにされなかった。ヨーロッパ人は、自分たちの価値観こそが普遍的なものだと信じて疑わず、自分たちで世界を好きなように分割して良いと考えていたのである。

「ベルエポック」は、ヨーロッパ（のちにはヨーロッパを母体とするアメリカ）の影響が全世界で強く感じられた時代であり、ヨーロッパの全盛期であった。しかし、それは他の地域の犠牲の上に成り立っていた。「ベルエポック」というと華やかな光のイメージを感じる方が多いと思うが、その陰には大きな闇が広がっていたのである。

詳しくは第五章で述べるが、ヨーロッパ人は、被植民地人を文明化することが使命であると説いた（「文明化の使命〔Civilizing mission〕」）。ところがヨーロッパは、自国では議会制民主主義を発達させたにもかかわらず、植民地にそれを築こうともしなかったし、また工業を発展させようともしなかった。

むしろヨーロッパは、そうして植民地を収奪することでベルエポックを迎えることができたのである。

†ヨーロッパが圧倒的に優位な関係

本書の目的の一つは、ヨーロッパと植民地の関係が、ヨーロッパ側に圧倒的に有利に働き、それが究極的にはイギリスの（経済的な）ヘゲモニーに大きく貢献し依存したことを示す点にある。植民地との結びつきを強めたヨーロッパ大陸諸国の経済成長は、イギリスの経済力を弱めたのではなく、むしろ大きく強め、イギリスがヘゲモニー国家になることに大きく寄与したのである。

一八四〇年に起こったアヘン戦争でイギリスは中国に大勝し、一八四二年に結んだ講和条約の南京条約により、一七五七年以降広州にかぎられていた中国の外国との貿易港に、福州、廈門《アモイ》、寧波《ニンポー》、上海が加えられた。これ以降、中国は欧米の列強諸国に蹂躙されることになった。

また、これはヨーロッパではなくヨーロッパ移民が支配したアメリカの事例であるが、アメリカ船が一八五三年に日本の浦賀に来港し、大砲で威嚇して開港を迫り、翌年日本は開港させられることになった。これは、明らかに脅迫行為であったにもかかわらず、この当時、それを批判することは不可能であった。それどころか不思議なことに、現在も批判されないのである。

日本は一八五八年、不平等条約である日米修好通商条約を結んだ。アジアなど欧米以外の地域の国々が欧米諸国と不平等条約を結ばされたことは、欧米人の論理では、「自主的」に不平等条約を結んだということになる。彼らの論理に従うなら、「自主的」に結んだのだから、その条約は合法ということである。もちろん本当は「自主的」などではなく、その後ろには巨大な軍事力をちらつかせた脅迫行為があった。しかし「脅迫行為による条約の締結は無効だ」などと言える時代ではなかった。

欧米列強は、軍事力によって、世界を分割していった。たとえばイギリスによってインド亜大陸が統一され、こんにちの意味でのインドという国ができあがった。中東の国境線は、ヨーロッパ列強の都合の良いように設定された（本書で扱う時代の最後の頃になると、日本も少しではあるが世界の分割に加わった）。現代社会の混乱を招いた多くの事柄の種が、ヨーロッパ人たちによってこの時代に撒かれたのである。

ただし、ヨーロッパないし欧米を範として仰ぎ見る気持ちが、世界の人々にあったことも事実である。欧米とアジアの諸地域の生活水準の差は、絶望的なまでに大きかったからだ。欧米の規範が世界的な規範となり、それに反発する気持ちを抱きつつも、その一方で「やはり欧米のようになりたい」と思っていた人々は、決して少なくはなかったはずである。

本書では、このような問題意識のもと、「繁栄の19世紀史」と銘打っているが、少し広い射程で一八一五〜一九一四年を中心とした時代を扱う。この時代を「ベルエポック＝ヨーロッパ全盛期」として扱い、ヨーロッパが他地域を収奪した時代として描きたい。ヨーロッパはなぜ、どのようにしてベルエポックを迎え、それは、他地域にとってどういう点で負の意味をもったのか、その光と闇を論じたいのである（なお、ヨーロッパ的な思想が良い意味でも悪い意味でも世界を席巻したということについては、拙著『ヨーロッパ覇権史』を参照されたい）。

†第一次世界大戦と落ちぶれたヨーロッパ

このヨーロッパがもっとも輝いた時代は、前述のとおり、第一次世界大戦によって終焉を迎えた。

これは、一九一四年六月二八日、オーストリアの皇位継承者であったフランツ＝フェルディナント大公夫妻が、ボスニアの首都サライェヴォを訪問中、セルビア人に暗殺されたことが引き金となり、そのちょうど一カ月後の七月二八日、オーストリアがセルビアに宣戦布告してはじまった戦争である。

当初、この戦争はクリスマスまでには終わるだろうと思われていたが、現実には四年間も続いた。しかも、「第一次世界大戦」と呼ばれるほどに規模が拡大したこの戦争がヨーロッパに与えた被害ははなはだ大きなものであった。

第一次世界大戦の戦死者は、約五五〇万人である。第二次世界大戦の戦死者は、約五〇〇〇万人であるので、それと比較すると、第一次世界大戦が世界全体におよぼした損害は、ずいぶん少なかったと感じられるかもしれない。

だが、第一次世界大戦の主戦場はヨーロッパであり、第二次世界大戦のように世界中で戦われたわけではなかった（そもそも第一次世界大戦は、たとえば日本では「欧州大戦」と呼ばれており、「世界を巻き込んだ戦争」という意識は薄かった）。そのためヨーロッパ人の戦死者数だけをみれば、第一次世界大戦の方が多かったといわれている。

アメリカ合衆国が一九一七年に参戦しなければ、連合国は第一次世界大戦で勝利をにぎることはできなかったかもしれない。また、アメリカ合衆国は大戦前には債務国であったが大戦後は債権国になり、その政治力、経済力は大きく上昇し、ヨーロッパをしのぐほどになった。

このような状況を考えるなら、第一次世界大戦の前後で、ヨーロッパのおかれた地位が大きく変化したことが理解できよう。大戦後、ヨーロッパはもはや「世界を支配している」とはいえなくなってしまったのである。

第一次世界大戦後、ヨーロッパは落ちぶれた。それゆえ、ドイツの文化哲学者であるオスヴァルト・シュペングラーが、『西洋の没落』(一九一八・一九二二)という本を出版したのである。「ヨーロッパは没落した」という意識が、ヨーロッパの人々のあいだに強く感じられた。その喪失感たるや、大変大きかった。

それに対して、自信をつけてきたのが、植民地であった。たとえばイギリスは、被植民地人(先住民)のインド人を兵士として使うほかなく、その見返りとしてインドに第一次世界大戦後の独立を約束した。しかしその約束をイギリスが反古《ほご》にしたため、インドでは独立運動が激しくなった。

イギリスにかぎらず、ヨーロッパは、経済的には工業製品の原料である第一次産品の輸入を植民地に大きく依存していた。だが、その植民地をうまくコントロールすることが難しくなったのである。

こうしてヨーロッパは、第一次世界大戦により、きわめて不安定な世界になってしまった。ツヴァイクが述べていたように、安定した時代は、「昨日の世界」となってしまったのである。

なっていた。

†本書の構成

一九世紀のヨーロッパでは市民社会が形成された。工業が発展し、生活水準が上昇し、余暇が誕生した。だが、それらは、植民地が決してそのような発展をしないことが前提となっていた。

一九世紀は、グローバリゼーションが進展した時代であった。世界で多くの物資が流通し、多くの人々が移動した。それは、とりわけ蒸気船と電信によって成し遂げられた。このことがもたらす利益をどこよりも大きく享受したのが、ヨーロッパ諸国であった。こういった問題関心のもと、本書は、以下のような構成をとる。

第一章「一体化する世界」では、イギリスを中心とするグローバリゼーションの過程が述べられる。一八一五〜一九一四年にヨーロッパによる植民地化が進み、世界は蒸気船や鉄道の建設によって縮まっていった。その過程で、ヨーロッパ、とくにイギリスが、世界の流通網を握った。そしてイギリスが世界経済の中心になり、アジア、アフリカ、南アメリカはヨーロッパに従属したのである。

第二章は、「工業化と世界経済」である。ヨーロッパ大陸の工業化、さらにイギリスの資本輸出について論じ、ヨーロッパ世界が世界経済とどのように結びついていたのかが示される。

第三章「労働する人々」では、この時期のヨーロッパが、「賃金が上昇すると労働時間が減少し、現在の生活水準を維持する」という反転労働供給の世界から離脱し、市場での労働を増やしたことが述べられる。ヨーロッパにヨーロッパ外世界から砂糖やコーヒーなどの消費財が流入し、その消費財を購入するために、ヨーロッパ人は市場での労働時間を増やした。ヨーロッパの人々の生活水準は上昇したが、それは、アジア、アフリカなど植民地の人々の犠牲によるものであった。

第四章は、「余暇の誕生」と題される。この時期、労働時間が「可視化」されるようになると、労働者の時間は、労働時間と非労働時間に分かれ、後者の一部が余暇となった。ヨーロッパの労働者は、鉄道や蒸気船を使い、さまざまな場所で余暇をすごした。それは、労働者の生活水準が上昇し、また世界が縮まったために可能になった。ツーリズムは、ヨーロッパの帝国化と大きく関係していたのである。

第五章は、「世界支配のあり方」である。メッテルニヒ体制は現状維持を原則としたが、ナポレオン戦争によってナショナリズムが高揚し、ラテンアメリカで植民地が独立し、ヨーロッパでは国民国家が成長していった。その一方で、ヨーロッパ経済は一体化していき、さらに植民地との紐帯を強めた。このときヨーロッパは、「文明化の使命」という言葉で、植民地の支配を正当化していった。さらに植民地と宗主国の経済的紐帯の強化は、イギリス経済の国際貿易決済機構の発展と大きく関連していた。

本書では、ヨーロッパの市民社会の発展は前提条件として扱い、詳しく述べることはしない。むしろ市民社会が、どのようなメカニズムのもとで機能していたのかということを前面に出して論じる。

では、これから、一九世紀のヨーロッパが放つ光の部分と、そのために生じた植民地世界の影の部分を見ていくことにしよう。

ロシア
日本
フィリピン
ボンベイ
ゴア
オランダ領セイロン
バタヴィア
ティモール

地図1　ヨーロッパとその植民地（1700年頃）

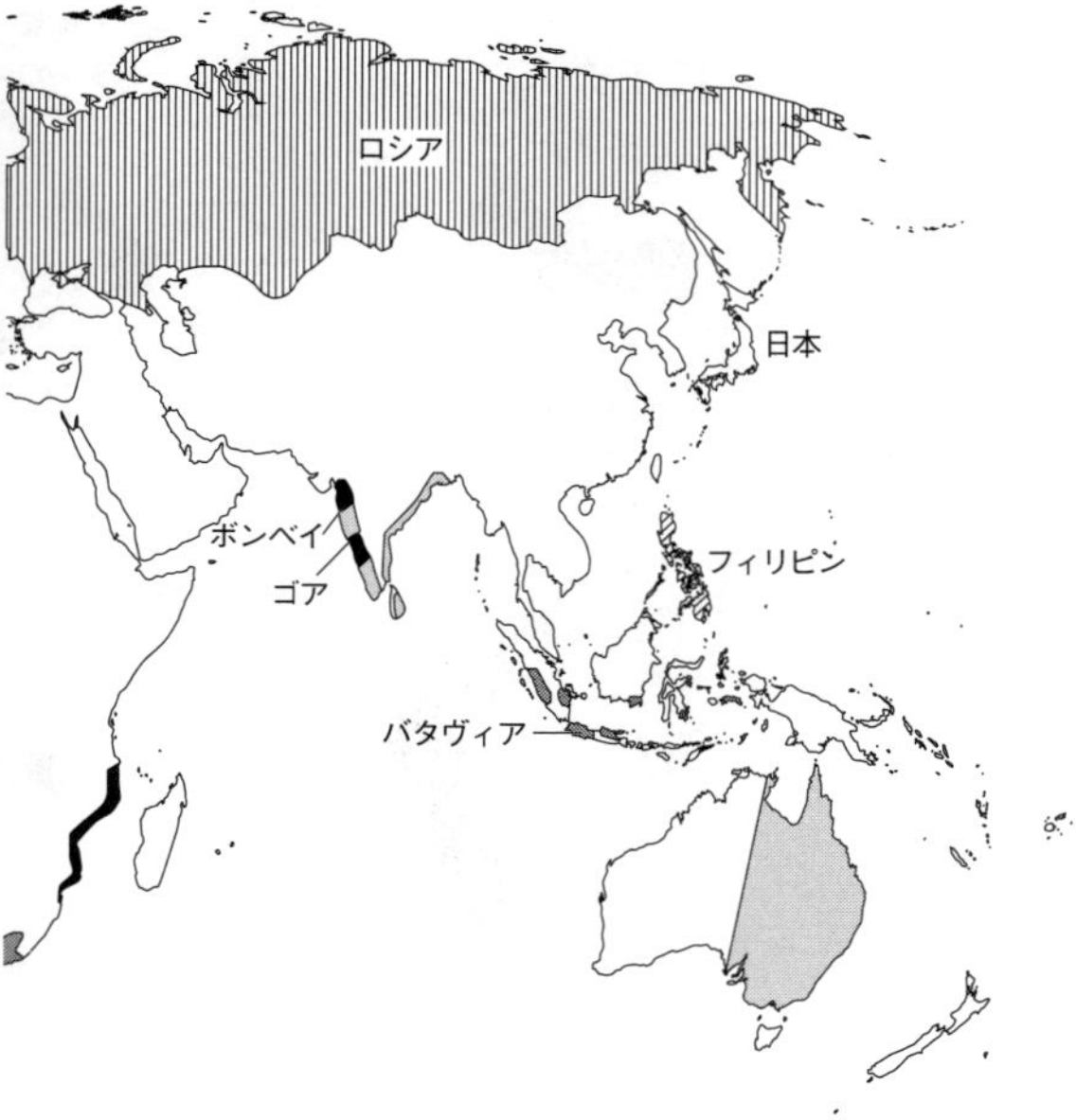
ロシア
日本
ボンベイ
ゴア
フィリピン
バタヴィア

地図2　ヨーロッパとその植民地（1800年頃）

モンゴル
アフガニスタン
日本
チベット
中華民国
マカオ(ポ)
ホンコン(イ)
イギリス領
インド
ビルマ
フランス領インドシナ
フィリピン
シャム
セイロン
マレイ
オランダ領インド
オーストラリア
独立国
イギリス領
フランス領
スペイン領
ポルトガル領
ベルギー領
イタリア領
ドイツ領
オランダ領
デンマーク領
アメリカ合衆国領
日本領

地図３　欧米日の植民地（第一次大戦前、1914年）

第一章
一体化する世界

蒸気船と蒸気機関車（1827〜1894年頃、アムステルダム国立美術館蔵）

一九世紀には、グローバリゼーションが大きく進み、世界は一体化していった。それは、ヨーロッパ、とくにイギリスが蒸気船によって世界のさまざまな地域に出かけていったからである。

世界の多くの地域は、ヨーロッパ人によって植民地化された。ヨーロッパ諸国は植民地をもつ「帝国」となり、そのなかでイギリスがもっとも多くの植民地を有する国になっていった。

イギリスは、世界各地に船舶を送った。世界が一体化したのは、それが最大の要因であった。

世界は、ヨーロッパ、とりわけイギリスの流通網のなかに組み込まれた。そのため、イギリスの利益は膨大なものになった。しかも、アジアやアフリカの植民地は、第一次産品(工業用原料や鉱物・農作物)をヨーロッパ船(とりわけイギリス船)で輸送することになったので、ヨーロッパ諸国に従属させられた。

さらにイギリスが敷設した電信(海底ケーブル)により、情報の伝達時間は大きく縮まった。本章では、グローバリゼーションによって、ヨーロッパ、なかでもイギリスが、植民地とどのようにして支配=従属関係を築いたのかということを中心に論じる。

1　世界はこうして縮まった

†一九世紀のグローバリゼーション

歴史上、何度も広域の経済圏が生まれてきたことは、疑いの余地がない事実である。それをグローバリゼーションと呼ぶとすれば、グローバリゼーションは繰り返し生じた現象だということができよう。しかし、もし広域ではなく、現在のように世界経済が一つになるという意味でのグローバリゼーションの直接の起源がどこにあったのかという問いを立てるなら、おそらくそれは一九世紀に生じたという解答が導き出されることであろう。

一九世紀のグローバリゼーションに関して、世界でもっとも影響力のある書物は、おそらく『グローバリゼーションと歴史』(未邦訳、一九九九)である。

ここで簡単に同書の内容を説明しておこう。著者であるケヴィン・オルークとジェフリー・ウィリアムソンによれば、さまざまな商品の価格が収斂していくという意味での世界の一体化は、一八二〇年代にはじまった。価格差がなくなるということは、輸送コストが大きく低下し、同じ商品であれば世界各地で同一の価格で売られるということを意味する。

彼らの考えでは、一九世紀後半に、商品と生産要素（労働・土地・資本）の市場が、全世界で統合された。世界市場と無関係な場所は、第一次世界大戦がはじまるときには、ほとんどなくなっていた。世界経済が一体化（convergence）したのである。

その大きな要因は、貿易と大量の移民にあった。自由主義経済体制となり、関税率が低下したため、国境を越えた商品の移動が簡単にできるようになり、それらが、世界を一体化させた。

また世界中を比較的自由に移動できるようになると、労働者が高賃金の地域に移動する誘因が生まれた。すると賃金が世界全体として高くなり、実質賃金の相違は、一八七三〜一九一四年に世界中で大きく縮小した。

一八六九年にスエズ運河が開通したことも、世界の一体化を促進した。これにより、ヨーロッパとアジアとの距離が大きく縮まったからである。また帆船から蒸気船へと移動手段が変化し、蒸気エンジンの改良など、輸送効率を上昇させる方法が導入された。その結果、リヴァプール（イギリス）とボンベイ（インド）間の綿の価格差は、一八五七年に五七パーセントであったのが、一九一三年には、三〇パーセントへと縮まった。同期間のロンドンとカルカッタ間の黄麻《ジュート》（袋、ズックなどに用いられる）の価格差は、三〇パーセントから四パーセントにまで縮まった。

このように世界経済が一体化したのは、この時代の世界経済をリードしていたイギリスが、自由主義経済体制をとったからだというのが、彼らの意見である。さらに、蒸気船や鉄道の発達により、輸送コストは著しく下がった。

資本のフローも増加した。また貧しい国に対して巨額の投資がなされた。その理由として彼らがあげるのは、もし生産関数（一定期間の生産要素＝労働・土地・資本と財・サーヴィスの供給量の関係を表したもの）がどこでも同じであり、資本と労働だけが生産に投入されるなら、投下資本への収益率は、豊かな国よりも貧しい国（人件費の安い国）の方が高くなるということである。もしそうなら、世界の賃金格差は縮まることになる。

ここで述べられたことは、一九世紀にグローバリゼーションを実現できたのは、イギリス帝国の力が強かったからだ、ということになろう。イギリスは、世界一の海運国家であり、世界中に船舶を送り、鉄道を敷設した。そのため、世界経済が一体化したというのが彼らの議論なのである。

したがって、オルークとウィリアムソンの主張をそのまま受け入れるなら、「一体化する世界」とは、基本的にイギリス人が築き上げた世界だということになる。

†ヨーロッパの帝国化とイギリス帝国

イギリスを中心として、ヨーロッパ諸国は世界各地に出ていった。したがってヨーロッパ諸国の帝国化について述べる必要があろう。

ヨーロッパの帝国化は、一四一五年、ポルトガルがアフリカ北西端（イベリア半島から地中海をわずかに渡ったところにある）セウタを植民地にしたときにはじまる。

アジアに最初に到達したのはポルトガル人のヴァスコ・ダ・ガマであり、一四九八年にインドのカリカット（コーリコード）に着いた。それ以降、ポルトガルのみならず、オランダ人、イギリス人、さらにはスペイン人によって、アジアの海の探索、そして植民地化がなされた。

一五一三年に、スペインの探検家ヴァスコ・ヌーニェス・バルボアがパナマ地峡を横断し、太平洋を「発見」した。さらにポルトガルのマゼラン（マガリャンイス）一行が一五一九〜二二年に世界就航を成し遂げ、太平洋の存在がヨーロッパ人により身近なものとなった。しかし、太平洋は、大西洋を含めて、それまでヨーロッパ人が遭遇した海よりもはるかに巨大であった。そのように広大な太平洋諸地域の植民地化が進むには、膨大な時間が必要とされた。

オランダ人のアベル・ヤンスゾーン・タスマンは、一七世紀中頃、オランダ東インド会社の支援により太平洋を探検し、タスマニア島、ニュージーランド、やがてフィジーに到達した。イギリスの探検家ジェームズ・クックは、一七六九年にニュージーランドに、さらに一七七〇年にオーストラリアの東海岸に達した。そして一七八八年にはオーストラリアが、一八四〇年にはニュージーランドが、イギリスの植民地となった。

このように、ヨーロッパは、非常に長い時間をかけて、アジア、さらにはオーストラレーシア（オーストラリア、ニュージーランド、ニューギニアを含む、南太平洋地域の総称）を植民地化していったのだ。

イギリスを中心とするヨーロッパの対外的拡張については、地図1〜3に描かれている（二二一〜二二七頁参照）。

地図1は、ヨーロッパの拡大を中心とした一七〇〇年頃の世界を描いている。この地図から判明するように、一七〇〇年の時点では、アジア、アフリカ、アメリカ大陸に植民地をもっているが、ヨーロッパの勢力範囲は比較的に小さい。

一八〇〇年になると、合衆国・カナダを除き、アメリカ大陸は、ほぼヨーロッパ諸国の植民地となっている（地図2）。合衆国の独立宣言が一七七六年に出されたことを想起するなら、アメリカ大陸の大半は、一八〇〇年の少し前まで、ヨーロッパの植民地だったこともわかる。

第一次世界大戦前夜になると、アジアの多くも、ヨーロッパの植民地になっていることが見てとれる（地図3）。つまりヨーロッパが支配する範囲は、一九世紀に大きく拡大したのである。一九世紀とは、まさに「ヨーロッパの世紀」であった。

ヨーロッパがこのように拡大できたのは、軍事力を除けば、蒸気船による定期航路が発展したからである。イギリスからアジア、さらにはオーストラリア・ニュージーランドへの定期航路ができたのだ。

蒸気船が発明されず、帆船しか使用されなかったとすれば、オーストラリアやニュージーランドへの定期航路は存在しなかったであろう。さらに、中国の上海にまで、イギリス船が定期的に到着することもなかったかもしれない。

蒸気船はまた、アジアの航海に大きな変革をもたらした。一般に、東南アジアでは木造帆船のジャンク船が活躍していたといわれるが、ジャンク船は蒸気船よりも、風により航海日数が大きく左右される。そのため、たとえあまり遠い距離ではなくても、確実に予定通りに目的地に到着できる可能性が高い蒸気船が、アジアの海運業に革命的な影響をもたらしたのである。

†縮まった世界

世界各地に移動するための時間は、大きく縮まった。では、どの程度縮まったのか。

図1は、一八二〇年を一〇〇として、世界のさまざまな地域から送られた情報がロンドンに到達するまでの時間の変化を示す。

多数の地域で大きく数値は減少しているが、平均すると、一八七〇年には二九となり、大幅に時間が短縮されたことがわかる。インドをみると、一八七〇年には四となっており、異常なほどのスピードアップである。スエズ運河が一八六九年に開通したことが、その大きな要因となっている。

図1　ロンドンへ送られる通信のスピード
（中央値で算出。1820年を100とする）

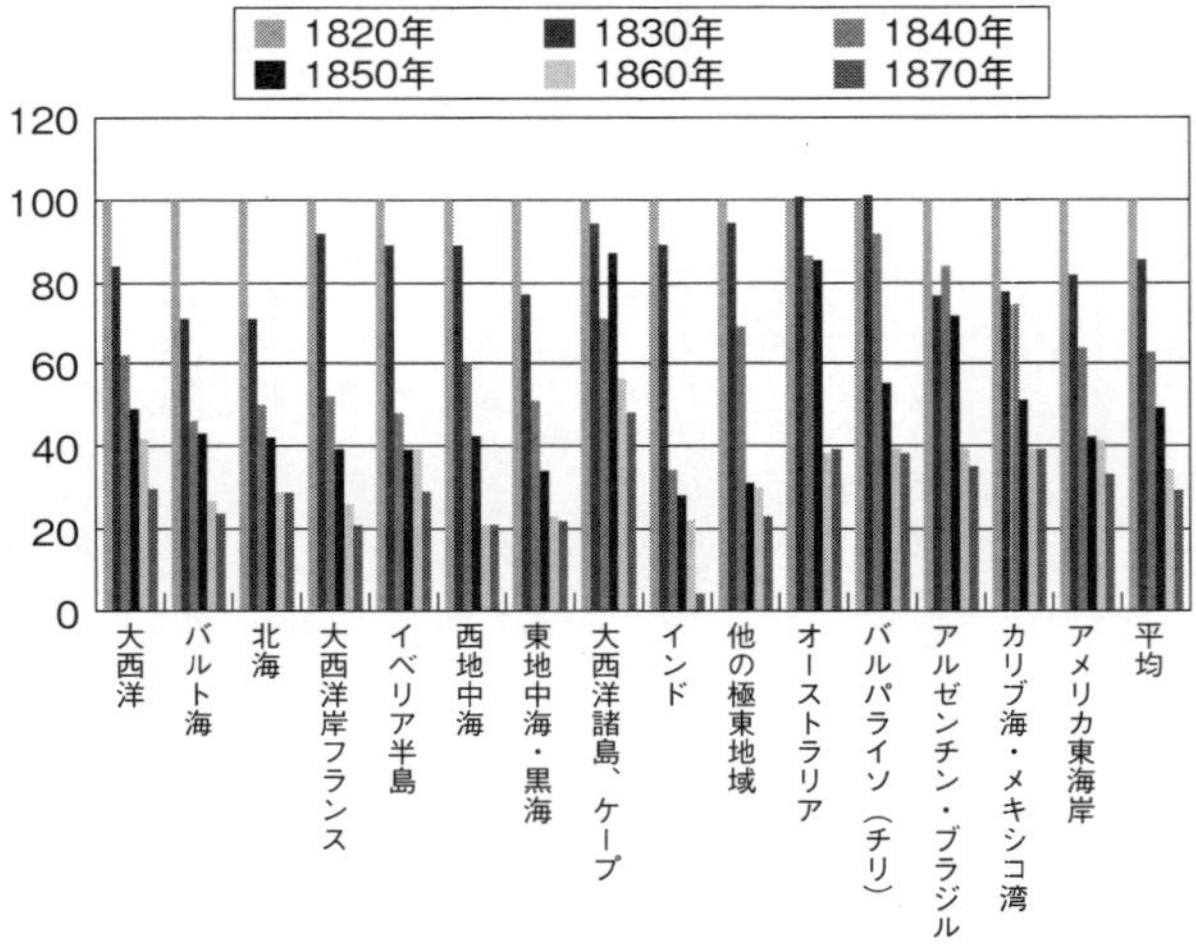

出典：Yrjö Kaukiainen, "Shrinking the World: Improvements in the Speed of Information Transmission, c.1820-1870", in L.U. Scholl and Merja-Liisa Hinkkanenn compiled *Research in Maritime History,* No.27, *Sail and Steam: Selected Maritime Writings of Yrjö Kaukiainen*, St. John's, 2004, p.235から作成

フィンランド人の海事史家イルヨ・カウキアイネンの言葉を借りれば、世界は「縮まった」のである。

さらに表1は、電信（電気信号での通信）の導入による通信時間の短縮を表す。この表から判断するかぎり、電信は、おおむね一八六〇〜七〇年のあいだに導入され、世界の距離をあっという間に縮めた。最小で二日間、最大でも四日間あれば、世界のどこにでも情報が到達したのである。

電信が発明される以前には、

表1　各都市からロンドンまでの情報伝達の所要日数

	a: 1820	b: 1860	c: 1870	a−b	b−c
アレクサンドリア	53	10	2	43	8
マデイラ	30	14	2	16	12
ケープタウン	77	39	4	38	35
ボンベイ	145	26	3	119	23
カルカッタ	154	39	2	115	37
香港	141	54	3	87	51
シドニー	140	53	4	87	49
バルパライソ（チリ）	121	47	4	74	43
ブエノスアイレス	97	41	3	56	38
リオデジャネイロ	76	28	3	48	25
バルバドス	46	21	4	25	17
ハバナ	51	19	4	32	15
ニューオルレアン	58	19	3	39	16
ニューヨーク	32	13	2	19	11

出典：Yrjö Kaukiainen, "Shrinking the World: Improvements in the Speed of InformationTransmission, c.1820-1870", p.252. から作成

もっとも速く情報を伝えられるのは、腕木通信であった（図2）。腕木通信の原理は手旗信号と同じである。一定間隔ごとに有人の通信機塔を並べ、通信機塔の屋根に建てた可動式の三本の大きな棒の形を使って通信内容を表した。

腕木通信のシステムは、最盛期には世界全体で敷設されたものの総延長が一万四〇〇〇キロメートルにも達したとされる。フランスではナポレオン以降の復古王政期間にも幹線ルートの通信網の延長が進み、一八四六〜四七年のピーク時には、フランス国内だけで腕

図2　腕木通信塔（ドイツ）

木通信網の総延長は四〇八一キロメートルに到達したといわれる。通信速度は、秒速一一〇〇メートルを越えることさえあった。ナポレオンは、腕木通信によって情報を送り、戦争に勝利したのである。

しかし、腕木通信では、雨が降ったり霧が出たりすると、正確な情報は送れない。そこに、大きな限界があった。

それに対し電信は、天候の変化にあまり左右されなかった。人類は、電信によってはじめて、人間が移動するよりも速く情報を送ることができ、かつ安定した通信手段をもつようになったのである。

このように、蒸気船と電信によって、世界は大きく縮まっていった。

具体的に世界はどの程度縮まったのか

もう少し具体的事例を述べよう。

表2　ブラジル（リオデジャネイロ）〜イギリス（ファルマス／サザンプトン）間の帆船・蒸気船・電信による情報伝達の日数

年	情報伝達の手段	情報伝達の日数　年平均
1820	ファルマス郵便用帆船	62.2日間
1850	ファルマス郵便用帆船	51.9日間
1851	ロイヤルメール　蒸気船	29.7日間
1859	ロイヤルメール　蒸気船	25.2日間
1872	ロイヤルメール　蒸気船	22.0日間
1872	イギリスからリスボンへの電信とリオ・デ・ジャネイロへの蒸気船	〜18日間
1875	電信	〜1日間

出典：S. R. ラークソ『情報の世界史——外国との事業情報の伝達 1815-1875』玉木俊明訳、知泉書館、2014年、379頁、表63から作成。〜は、推測

表2は、一八二〇年、一八五〇年、一八五一年、一八五九年、そして電信を使用した一八七二年と七五年の、ブラジル（リオデジャネイロ）―イギリス（ファルマス／サザンプトン）間での情報伝達のスピードの変化を示す。

最初に航海時間が大きく減少したのは、一八五〇年である。この航海時間の短縮は、蒸気船ではなく、帆船によるもので、航海日数が一〇日間短縮している。定時に航海するという意識が強くなり、船舶がある港に到着して、次の船舶へと貨物を移すのにかかる時間が短縮されれば、情報伝達の時間は短くなる。ここでの時間の短縮は、それが原因であった。

ところが、一八五一年には、さらに大きな変化が訪れる。それは、帆船から、蒸気船に変わった

からである。リオデジャネイロからファルマスまで郵便帆船が航海するのに五二日間必要だったのに対し、蒸気船であれば、三〇日間すら必要としなくなった（日数だけで計算するなら、これは一八七五年に電信用の海底ケーブルが敷設されたとき以上の大きな変化であった）。さらに、電信の誕生により、情報伝達に要する日数は、表1とは少し異なるが、たった一日にまで短縮された。帆船から蒸気船になり、やがて電信に通信手段が変化することにより、情報伝達が劇的にスピードアップしたことがわかる。

一九世紀後半になると、遠洋航海においては、明らかに帆船よりも蒸気船の方がより頻繁に使用されるようになった。たとえばイギリスの港を出入りするイギリス船に占める蒸気船の比率は上昇している。一八六〇年が三〇・一パーセント、一八七〇年が五三・二パーセント、一八八〇年が七四・九パーセント、一八九〇年が九〇・八パーセントと、急速に上昇したのである。こうして、航海に必要な日数は、確実に減少していった。

2 進出するヨーロッパ、後退する中国

†「非公式帝国」

ヨーロッパは、世界各地に蒸気船で移動し、世界のいくつもの地域に植民地を有していった。その関係は基本的に政治的なものであったが、同時に経済的な紐帯も強かった。植民地は、本国に第一次産品を輸出し、本国から工業製品を輸入したのである。そのときに使用される船舶は、基本的に本国のものであり、イギリスの植民地ならイギリス船、フランスの植民地ならフランス船、ドイツの植民地ならドイツ船が使われた。

しかし、イギリスの場合、それとは違う関係がみられた。イギリスは、植民地以外の地域と積極的に取引することがあった。

イギリス史研究においては、植民地である公式帝国以外に、植民地ではないが植民地同然の状況におかれた地域が存在したとされている。そのような地域は、「非公式帝国」と呼ばれる。イギリス以外のヨーロッパ諸国には、非公式帝国はなかった。なぜ、イギリスだけに、非公式帝国があったのだろうか。

それは、イギリスの海運業が発展していたからである。イギリスは、大きく発展した海運業により、世界中の商品を運んだ。イギリスの植民地ではなくても、イギリス船が商品を輸送したのである。

†南アメリカとイギリス

たとえば南アメリカがその事例となる。

南アメリカ諸国のほとんどは、現在もなおスペイン語かポルトガル語が公用語の国である。ブラジルがポルトガル領であった以外は、大半の国がスペイン領であった。ナポレオン戦争が終結する以前、その輸出品は宗主国であるスペイン、ポルトガルに輸出されていたが、戦後、ロンドンが輸出先の中心となり、その次がハンブルクであった。その結果、宗主国との経済的紐帯が弱まったため、南アメリカ諸国は次々と独立していった。

イギリスの南アメリカに対する投資額は大きく上昇した。たとえば、一八二六年が二四五六万四〇〇〇ポンド、一八六五年が八〇八六万九〇〇〇ポンドであるのに対し、一八九五年が五億五五二〇万五〇〇〇ポンド、一九一三年が一一億七七四六万二〇〇〇ポンドである。

イギリスの投資額としては公債がもっとも多く、ついで鉄道であった。南アメリカの鉄道は、イギリスによって敷設されたといって問題あるまい。南アメリカにおけるイギリスの投資先として最大の国はアルゼンチンであり、その次がブラジルであった。また鉄道の投資先としても、アルゼンチンが一位を占めた。

南アメリカに対するイギリスの有価証券による投資額も、非常に大きかった。ただし、その総額は上昇しているものの、イギリスから南アメリカへの総投資額に占めるその比率は、一八六五年には八〇パーセントだったのが、一九一三年には五五パーセントへと低下した。

直接投資額（企業や工場を建設する）は大きく増加し、一八六五年が一七〇〇万一〇〇〇ポンドであったが、一九一三年には五億四六〇〇万四〇〇〇ポンドに達する。これは、鉄道への投資の増加が原因であろう。

南アメリカ諸国はたしかに政治的には独立を達成した。しかし、間接投資――主として政府の公債――、さらには直接投資――おもに鉄道への投資――を通じて、イギリスへの依存傾向を高めたのである。

†中国の朝貢貿易

中国では、唐代以降、伝統的に、朝貢貿易がとられていた。これは、貿易の一形態であり、中国周辺の朝貢国が貢物を中国に差し上げ、その見返りとして中国は下賜《かし》品を朝貢国に渡すという制度であった。この制度には「中国王朝が周辺の「蛮夷」に対して恩恵を施す」という理念によって成り立っている国家間の関係が表されている。

この制度は、中国が圧倒的に他国よりも経済力がなければ実行できなかった。また中国としても、周辺国家と武力衝突を起こして資金を失うより、朝貢貿易の方が安価だと判断したためおこなわれていたといわれる。

宋代には、朝貢貿易に代わって民間貿易が発展した。さらに、遼・金・元の時代にも、民間貿易がおこなわれた。

それに続く明代、さらに清代には、朝貢貿易が実行された。洪武帝（在位一三六八～九八）は、対外政策においては海禁政策をとり、海外との貿易や大型船の建造を禁止する。けれども永楽帝（在位一四〇二～二四）の時代になると、ふたたび中国は活発に海外との貿易をおこなうようになる。永楽帝の時代には、鄭和《ていわ》の遠征があり、アフリカ東岸にまで到達するほど活発に船を海外に送っていたが、一七五七年からは、広州だけが外国との貿易港になった。そうして中国は、海を通じた積極的な対外的活動をしなくなった。

朝貢貿易では、貢物は朝貢国の船によって中国に運ばれ、中国船は使われなかった。したがってこの政策は、海運業を極端なまでに軽視した制度だといえる。

†ガレオン船と銀輸入——海運業軽視のつけ

中国の税制は、明代には一条鞭法《いちじょうべんぽう》であったのが、清代には地丁銀制《ちていぎんせい》へと変化する。一条鞭法とは、租税と傜役《ようえき》を銀に換算して、一本化して銀で納入することにしたものである。地丁銀制とは、土地税のなかに人頭税を組み込み、一括して銀納させたものである。そのため銀がきわめて重要な商品となるのだが、じつはその銀は中国国内ではなく、外国から輸入したものであった。

中国の銀輸入先としては、日本もあったが、メキシコが圧倒的に多かった。その銀は、スペインのガレオン船によって太平洋を横断し、マカオまで運ばれ、そこからは中国のジャンク船で中国まで輸送された。

一五七一年、フィリピンにマニラが建設されたこの年に、メキシコのアカプルコからマニラまで、ガレオン船がメキシコ銀を運ぶようになった。

もしスペインのガレオン船ではなく中国のジャンク船で銀を輸入していたならば、大きな問題は生じなかったであろう。しかし、前述の通り中国は朝貢体制をとっており、海運業は軽視していたのである。

†中国の貿易を担うイギリス船

中国はイギリスの植民地ではなかったが、イギリス海運業は中国経済に大きな影響をおよぼした。この点は、南アメリカと似ていた。

中国における伝統的な海上航行の主力は帆船であり、ジャンク船が有名であったが、一九世紀末から、蒸気船が活躍するようになる。一八九八年、ドイツは山東半島南岸の膠州《こうしゅう》湾《わん》を租借地とし、ドイツの海運会社ハンブルク―アメリカンラインが、青島をアジアへの進出拠点とした。さらに青島から上海や天津とのあいだで蒸気船を航行させることになった。

非常に船舶数の多い上海―寧波航路、さらには上海―漢口航路においても、中国の海運会社ではなく、アメリカとイギリスの会社が支配していた。ジャンク船はなおみられはしたが、東アジアの物流を大きく変えたのは、蒸気船であった。

それを端的に示すのが、表3と表4である。前者は、中国の港に入港する遠洋航海の船舶のトン数（蒸気船）、後者は、中国の港に入港する沿岸航海の船舶のトン数（蒸気船）を

表３　中国の港に入港する遠洋航海用船舶のトン数（蒸気船）

（1,000トン）

年度	イギリス船	フランス船	ドイツ船	日本船	中国船	全体
1872	652	58	81	-	-	945
1882	1,463	80	182	97	86	2,023
1892	2,439	124	363	218	147	3,460
1902	3,627	316	1,024	1,224	379	7,224
1912	4,931	600	1,310	2,991	2,006	12,848

出典：Hsiao, Liang-lin, *China's Foreign Trade Statistics, 1864-1949*, Cambridge Mass., 1974, pp.226-231. から作成

表４　中国の港に入港する沿岸航海用船舶のトン数（蒸気船）

（1,000トン）

年度	アメリカ船	イギリス船	ドイツ船	日本船	中国船	全体
1872	1,633	1,330	223	-	18	3,303
1882	64	3,956	257	-	2,300	6,679
1892	36	7,220	371	98	3,113	11,240
1902	466	9,789	2,588	2,455	4,263	19,749
1912	556	14,103	1,775	6,930	6,584	30,144

出典：Hsiao, Liang-lin, *China's Foreign Trade Statistics*, pp.240-245. から作成

示す。
遠洋航海においても沿岸航海においても、イギリス船の比率が高いことがわかる。しかしその一方で、遠洋航海の場合、ドイツ船はトン数が若干増加傾向にあり、二〇世紀になると、中国船が大きく上昇していることがわかる。ドイツ船の増加は、ドイツの海運会社である北ドイツロイドが郵便助成を受けるようになったからだと考えられる。それに対し中国船の増加は統計上のトリックともいうべきものであり、一九〇四年に統計データの記入方法が変わり、中国―香港間の木造船舶による海運が記録されるようになったからである。

沿岸航海の状況は、それとは少し異なる。一八七二年にはアメリカ船が一番多かったが、一八八二年になるとイギリス船に逆転される。中国船の数が多いことも、注目に値する。中国政府は、一八九八年になると、中国人が蒸気船を購入し汽船会社を経営することを禁じるのをやめた。そのため、中国船が多く使われるようになったのである。

全体的にみると、中国は、イギリス船を中心としたヨーロッパ系の蒸気船により大きく影響されたといえる。ジャンク船は、一般に蒸気船と比較すると小型であり、しかも帆船であるため、スピードは出たとしても、風による影響を受けやすく、その航行は、規則的ではない。したがって中国は蒸気船の海運会社を育成しようとしたが、政府による企業経営は非効率的であり、ヨーロッパ系やアメリカ系の海運会社と競争することは難しかったのである。

おそらくそれは、中国だけにあてはまる現象ではない。表4より、中国だけではなく、少なくとも一八八二年以降、アジアの商品の多く（おそらく移民の多くも）がイギリスの船舶によって輸送されていたと推測される。イギリスは、世界の物流の支配者であったのだ。

3　ヨーロッパの世界支配

†イギリスと電信のネットワーク

イギリスは物流に加えて、電信ケーブルを敷設する点でも抜きんでていた。

イギリス史家ダニエル・ヘッドリクは、電信を「見えざる武器」と呼んだ。電信ケーブルは世界中に張り巡らされ、そのほとんどはイギリスの会社によって敷設された。

電信ケーブルの敷設には、巨額の資金が必要であった。とくに海底ケーブルは、帆船に積載することはまったく不可能であり、巨大な蒸気船が必要になった。しかも、鉄道で情報のやりとりをするのには、電信を使った電報によるほかなかったので、世界中に鉄道が敷設されると、ますます重要になっていった。蒸気船・鉄道の発達と電信の発達がパラレルな関係にあったのは、そのためである。

イギリスの鉄道会社は、次々に電信を導入していった。一八五〇年の段階で、イギリスの鉄道の総キロ数は一万二〇〇〇キロメートルに達し、それは同時に、イギリスの電信の発達を意味した。

ドーヴァー海峡に海底ケーブルを敷くために、当初は電信で使われる銅線を麻で何重かに巻き、それにタールを染み込ませて海水の浸透を防ごうとした。けれども、それでは絶縁性を確保できなかったので、すぐに使えなくなった。この問題を解決したのが、マレーシア原産で熱帯の木から産出されるガタパーチャというゴムに似た固体の素材であった。これは、現在ではもっとも頻繁に使用される歯科用材料である。この素材は、シンガポール経由でイギリスに持ち込まれた。ガタパーチャは、低温かつ水圧の高い海底でも、ゴムと違って長年にわたり可塑性があったため、海底ケーブルで使われることになったのである。

一八五一年に、イギリスのドーヴァーとヨーロッパ大陸のカレー（フランス）が結びつけられることになった。一八五三年には、イギリス－オランダ、イギリス－ドイツのケーブルも敷かれた。一八五七年になると、オランダ、ドイツ、オーストリア、サンクト・ペテルブルクと電気による通信がなされた。さらに地中海では、フランス・イタリア政府のためにいくつかのケーブルが敷かれた。このようにヨーロッパにおいて、電信は急速に発達した。

ところが、大西洋横断ケーブルはなかなか敷設できなかった。そもそも大西洋の水深は、平均で四〇〇〇～五〇〇〇メートルに達するほど深い。巨大な蒸気船を使わなければ、海底ケーブルの敷設は不可能であった。そこで、大西洋横断ケーブルの敷設はイギリスとアメリカが協力しておこなわれた。その最初の試みは、一八五七年になされた。しかしなかなか成功せず、通信可能な大西洋横断ケーブルが敷設されたのは、ようやく一八六六年七月のことであった。

アジアに目を向けると、インドとの最初の電信による通信伝達は、一八六四～六五年のことであった。インドには、バグダード経由で、イスタンブルからイラクのファーウにつながるトルコ政府のラインに接続した。

このように、世界中が電信により結ばれるようになっていったのである。

たとえば一八七二年には、インドルートの四つの会社が合併してイースタン・テレグラフ会社が創設された。この会社は、イギリス帝国政府がバックアップして、シンガポール、香港、オーストラリア、ニュージーランドへの電信線を手中に収めることになった。

北ヨーロッパにおいては、大北方電信会社が、デンマーク・ノルウェー・イギリス電信会社、デンマーク・ロシア電信会社、そしてノルウェー・イギリス電信会社を合併し一八六九年に設立された。

この会社は、サンクト・ペテルブルクからウラジオストックまでの電信を敷設することに挑戦した。陸上ラインはさらに、海底ケーブルと結びついて、一八七一年には、ウラジオストック、上海、長崎、廈門、香港にまで電信網を延ばした。

そして一九〇二年になると、太平洋ケーブルボード社が、オーストラリアとニュージーランドに海底ケーブルを敷設した。そして、一九〇三年には、サンフランシスコからホノルルを経て、マニラへとケーブルをつないだのである。これで、世界中が電信で結ばれることになった。

電信は、単に情報を伝達しただけではなく、貿易決済のためにも使用された。現在でも、「電信送金」は使われており、電信を使って、銀行から銀行へと金を移動させるのである。

おおむね一八七〇年代には、ロンドンが世界金融の中心となり、ほとんどの国際貿易の決済がロンドンの金融市場を通じておこなわれるようになった。世界中の外国為替取引が、電信を使ってロンドンで決済された。世界の金融は、明らかにロンドンを中心に回っていたのである。

†世界の流通網をおさえたヨーロッパ

イギリスに代表されるヨーロッパの対外進出には、大きな特徴があった。それは、海上ルートを利用したということである。ヨーロッパは、喜望峰経由で、海上ルートによりアジアに進出した。一方アジアは、それ以前に何度かヨーロッパに進出していたが、その進出は陸上ルートであり、この点でヨーロッパとは対外進出のありかたが決定的に異なっていた。

アジア船がヨーロッパの海で活躍したことは、歴史上一度もなかったのだ。

これは、決して見逃されてはならない重要な点であるにもかかわらず、非常に不思議なことに、この点に、歴史家は十分な注意を払ってはこなかった。それは、これまでの歴史研究の大きな欠落だと指摘せざるをえない。

ヨーロッパ人はヨーロッパ船でアジアに進出することにより、まず海上ルートでのアジアの流通の多くをわがものにしていった。ヨーロッパ人は、海上の流通ルートをおさえることによってアジアを支配するようになったのである。

アジア以外で植民地がつくられた地域である南アメリカ、アフリカについては、そもそも大西洋経済の形成がヨーロッパ船でなされた。そのため主要な流通ルートはヨーロッパによって押さえられることになった。一九世紀になると、やはりなかでもイギリス船の台頭が目立った。

†支配＝従属関係

このように考えるなら、ヨーロッパとアフリカ、南アメリカ、アジアとの支配＝従属関係は、これまでとは別の角度からとらえられる。

そもそも支配＝従属関係とは、国際分業体制を前提とする。アフリカ、南アメリカ、アジアの国々がヨーロッパの植民地となり、第一次産品を本国に供給し、本国は工業製品をつくり、それを植民地に送り、植民地を完成品の市場とするという体制である。

植民地はそのために工業化されず、ヨーロッパに第一次産品を輸出するほかなかった。一般には、それを支配＝従属関係（ヨーロッパによるアジア・アフリカなどの支配）ととらえる。

しかし本書では、「支配＝従属関係は、ヨーロッパ船、とりわけイギリス船が輸送することによって成立した」ととらえる。すなわち、生産ではなく流通を重視する。

一九世紀以前の帆船の時代には、ヨーロッパの船舶は、アジアに航行するのに、いくつもの港を経由しなければならず、その日数もきわめて長く、ヨーロッパ―アジア間の往復に一年間かかることは、決して珍しいことではなかった。

そのような状態では、支配＝従属関係は生じにくい。第一次産品が工業国に行き着くまでの時間があまりに長く、さまざまな国や地域がそのあいだで活動するため、工業国と第一次産品輸出国との関係が希薄だからである。

アジアにおいては、帆船の時代には、第一次産品がアジア船で運ばれることも珍しくはなかった。ヨーロッパ人が流通網の全体を掌握しているわけではなかったので、アジア商人はなお能動的に活動する余地もあった。

しかし、蒸気船の使用が増えると、アジアとヨーロッパは直接結ばれるようになり、ヨーロッパ人がアジアとの貿易で圧倒的優位に立った。アジアのように近代以前に自分たちの商業ネットワークを有していた地域でさえそうだったのだから、南アメリカ、アフリカにおいては、ヨーロッパの流通システムの支配はより強固であった。

また前述の通り、電信の発展により、国際貿易の決済はイギリスの首都ロンドンでなされていた。したがってアジア、アフリカ、南アメリカの多数の地域は、ヨーロッパに第一次産品を輸出することで従属していただけではなく、貿易決済においてもイギリスに従属する傾向がみられたのである。

もしヨーロッパ人がヨーロッパ船ではなくアジアの船で第一次産品を輸入していたとすれば、ヨーロッパは流通網をアジアに握られ、ヨーロッパ諸国は、工業製品を輸出することしかできない地域となる。その場合、ヨーロッパはアジアに従属することになっただろう。

すなわち、流通ルートを握る国が握らない国を支配するのである。この点を考慮に入れず、工業国が必ず第一次産品輸出国を支配＝収奪するという図式を描くことは、流通の重要性をわきまえない論理展開という批判を受けよう。

✝豊かになるヨーロッパ、貧しいままのアジア・アフリカ

一九世紀のヨーロッパは豊かになっていった。それは、ここまで述べてきたようなシステムにもとづいたものであった。

一九世紀はヨーロッパで市民社会、民主主義、さらにはナショナリズムが台頭した時代として知られる。また、世界の他地域の植民地化が進んだ時代としても知られる。それらは、今後見て行くように、互いに関連していた。

これまでの研究でも、一九世紀ヨーロッパ社会の発展は、植民地社会の低開発によって可能になったという見方があった。このような見方は、「低開発の開発」といわれる。それは、先進国の経済発展が、発展途上国の低開発を「開発してしまう」ことを意味する。

しかしこれは、あまりに経済中心の見方であり、また、先進国が工業化する一方で、発展途上国がモノカルチャー化することを強調しすぎている(つまり、先進国に輸出するただ特定の第一次産品の生産に特化するということに焦点を当てている)。彼らの理論は「従属理論」と呼ばれるが、ヨーロッパと植民地のそれ以外の関係はあまり論じられない。それに

対し本書では、そのように一面的なものではなく、ヨーロッパ社会全体の変貌と、アジアやアフリカの従属化がどのように関係していたのかを論じたい。

本書では、ヨーロッパの全盛時代である一九世紀を、以上のような問題意識のもとに描く。そしてその時代を、「ヨーロッパの世紀」と呼ぶ。繰り返すが、「ヨーロッパの世紀」が成立しえたのは、他地域との支配＝従属関係があったからである。本書は、それを、従属理論よりもより広い文脈からとらえなおす試みである。ヨーロッパ、なかでもイギリスが世界中に船舶を向かわせなければ、支配＝従属関係は生まれなかったのだ。

第二章
工業化と世界経済

ロンドンの金融街「シティ」の王立取引所(右)とイングランド銀行(左)
(1880〜1900年頃、アムステルダム国立美術館蔵)

一九世紀のヨーロッパは、他地域よりもはるかに大きな経済成長を経験した。その大きな要因は、イギリスだけではなく、ヨーロッパ大陸諸国も工業化に成功したからである。そして、ヨーロッパの工業製品は、世界中で販売された。しかも他地域との関係を強めたヨーロッパでは、貧しい人々がアメリカ大陸に移住し、所得水準の低下を免れることができた。さらに蒸気船の発達と郵便料金の低下により、ヨーロッパと他地域との関係は、以前よりもずっと密接になっていった。

イギリスが世界経済のヘゲモニー国家になっていったのは、このような状況においてであった。すなわち、ヨーロッパ大陸諸国が工業化し、イギリスの工業力が相対的に低下した時代に、ヘゲモニー国家になったのである。イギリスのヘゲモニーは、工業力ではなく海運業と金融力に依存していたのだ。

イギリスの資本主義の担い手は、産業革命を発生させた産業資本家ではなく、一七世紀末から一九世紀中頃までは地主であり、それ以降は金融業を営む人々であった。地主と金融業を営む人々はイギリス史では「ジェントルマン」といわれ、どちらも不労所得で生計を立てる人々であった。彼らがイギリスの経済界で支配的であった資本主義は、「ジェントルマン資本主義」と呼ばれる。

「地主から金融業を営む人々へ」というイギリス資本主義の変化は、世界経済の変化と大きく結びついていた。世界経済は、イギリスの金融を中心として機能するようになっていったのである。

1　工業化をめぐって

†ヨーロッパの経済成長

イギリス生まれの経済学者アンガス・マディソン（一九二六〜二〇一〇）は、その生涯を世界経済の成長率を測定することに捧げたといっても過言ではない。彼の推計は、世界中の経済史家、経済学者によって使われている。

彼の推計は、稀少なデータから全体像を出そうとするものであるため、あまり信憑性が

表5　世界の主要地域の1人あたりGDP（1990年国際ドル）

	紀元1年	1000年	1500年	1820年	1870年	1913年
西欧	576	427	771	1,202	1,960	3,457
アジア	456	465	568	581	556	696
ラテンアメリカ	400	400	416	691	676	1,494
東欧と旧ソ連	406	400	498	686	941	1,558
アフリカ	472	428	416	421	500	637
世界	467	450	567	667	873	1,526

出典：アンガス・マディソン『世界経済史概観　紀元1年―2030年』政治経済研究所訳、岩波書店、2015年、92頁、表2.1から作成

ないといわれても仕方がない。だが、長期にわたるデータとして、彼の研究以上のものはない。また、経済データが揃ってくる一九世紀以降のデータは、そのまま使っても問題がない精度だと考えられる。そこで、彼のデータからとくに一九世紀について比較するために作成したのが、表5である。

西欧が他地域よりも明らかに豊かになったのは一九世紀の現象であり、その一方で、アジアやアフリカの一九一三年の数値は、一八二〇年はむろんのこと、一五〇〇年と比較しても、あまり高くはない。アジアの場合、一五〇〇年から一八七〇年にかけては、一人当たりのGDPは低下しさえしている。それ以外の地域は、一八七〇年から一九一三年にかけての上昇率が目につく。

総じて、西欧の興隆とアジア、アフリカの停滞が

印象的である。

西欧の興隆は、一九世紀におこり、その原因の一つが工業化にあることも間違いあるまい。そこで次に、工業化について論じていくことにしよう。

†工業化と国家（イギリス）

一七世紀、ヨーロッパ経済の中心はオランダであった。オランダ自体は宗教的寛容を重んじ、国制は中央集権化傾向を示さず、経済政策は、ヨーロッパ内部では自由主義的であった。

それに対しイギリスは、一六五一年にクロムウェルによりすでにオランダ船排除を目指し、航海法を発布していた。航海法はそれから数回発布され、イギリスは海運業を発展させ、一八世紀末には世界最大の海運国家となった。

そのイギリスは、一八世紀後半には、すでに金融・財政システムが中央政府の管理のもと一元化されるようになり、工業化を促進する法律を制定し、政府の保護のもと、工業化に成功した。

一般に、イギリス以降の後進国の工業化では政府が大きな役割を果たしたとされるが、じつはイギリス政府も、工業化において欠くことができない重要な役割を演じていたのである。イギリスは、一般にいわれているような、国家の経済への介入がなく、自生的に工業化に成功した国ではなかったのだ。

オランダは工業国ではなく商業国であったが、イギリスはそのオランダに経済的に追いつき追い越すために保護主義政策をとり、おそらく意図しないまま、世界最初の工業国家となったのである。

†イギリスの工業化

さらにイギリスは、大西洋貿易において、他国とは異なる形態の貿易を遂行した。それが、工業化へとつながったのである。

コロンブスが一四九二年に新世界を発見してから、徐々にではあるが、大西洋経済が形成されていった。あとで述べるようにその中核は西アフリカから新世界に黒人奴隷を輸送し、サトウキビを栽培させることから成り立っていたが、イギリスはそれに加えて、綿織物を生産するようになった。すなわち、西インド諸島、のちには北米大陸南部で奴隷が綿花を栽培し、それをイギリス本国で完成品の綿織物にするシステムを完成させたのである。

より正確には、イングランド西部のマンチェスターで、機械により綿織物を大量に生産することが可能になったのである。一八世紀の後半においては、綿織物工場は小規模であったが、機械化により大型化していった。

綿製品の輸出は一八世紀末から急上昇し、一九世紀初めには毛織物に代わって輸出第一位になった。綿製品総生産のうち輸出向きのものの割合は、一九世紀前半で大体五〇～六〇パーセント、後半で七〇～八〇パーセントであり、外国市場への依存傾向が増大し、そのため必然的に綿工業を軸とする世界経済の構造変化がもたらされた。このように綿製品を大量に生産・輸出したことから、イギリスはそのために、「世界の工場」と呼ばれるようになったのだ。

†ガーシェンクロンモデル

すると今度は大陸ヨーロッパ諸国が、イギリスに対抗するために金融・財政システムを中央集権化することで、政府の保護のもと工業化を成功させようと尽力した。

イギリスの工業化の後、他のヨーロッパ諸国があいついで工業化することになった。それは、「後進国の工業化」と呼ばれる。

「後進国の工業化」について、もっとも影響力のある論文を著したのは、ロシア系アメリカ人の経済学者アレグザンダー・ガーシェンクロンであろう。その論文「歴史的観点から見た経済的後進性」は、きわめて大きな影響を経済学者に与えてきた。この論文における彼の主張の要点は、おおむね次のようにまとめられよう。

①遅れて工業化をスタートさせる国は、先進国の技術と資本が利用できるので、先進国よりも工業化のスピードは速い。
②後進国の産業構造は先進国に比べて早くから重化学工業化する。それは後進国では工業に適した熟練労働者が不足しており、最新技術を輸入によって導入するからである。また、先発国では旧来の工場を廃棄しにくく、一方で後進国は新規に巨大な資本投資が可能であるので、資本集約的で最新技術をもつ巨大設備産業を建設するようになる。
③このような重化学工業に必要な経営規模は大きいので、後進国では資本投入に応じて大企業化が進み、独占やカルテルなども形成されやすい。
④後進国では資本も企業家も不足している。しかも産業に対する不信があり、大規模経営への要請が強い。したがって工業化の担い手である企業は、投資銀行や政府によって

「上から」形成されることになる。その際、重化学工業と大企業が重視される。

一九世紀のヨーロッパ大陸諸国の工業化も、おおむねこのような行程をたどって進んだのである。

2 各国の工業化

†ヨーロッパ大陸諸国の工業化

イギリスは一八世紀後半に工業化したが、ヨーロッパ大陸諸国の工業化は大きく遅れた。その理由の一つに、イギリスの工業化のスピードが遅く、大陸諸国が、イギリスの工業化そのものになかなか気づかなかったということを指摘できるかもしれない。さらに、フランス革命・ナポレオン戦争（一七九三〜一八一五）と続いた戦争の時代に、政府に工業化の推進政策を考えるような余裕がなかったとも考えられる。

それでも一九世紀になると、ヨーロッパ大陸諸国も工業化していった。ここでは、そのうちいくつかの事例をとりあげてみたい。それぞれの国の特徴と、工業化の形態に類似性があることに気づくであろう。

イギリスのみならず、ヨーロッパ大陸諸国が工業化することで、ヨーロッパ社会だけではなく世界全体が大きく変化していった。「ヨーロッパの世紀」は、ヨーロッパ全体が工業化しなければ存在しえなかったのである。

†ベルギー

ベルギーは、ヨーロッパ大陸では、もっとも早く工業化に成功した国であった。一八一五年のウィーン条約でオランダの一部となった（一八三頁を参照）が、その一五年後の一八三〇年にオランダから独立したのである。

ベルギーの企業は、国外市場に販路を大きく依存していただけではなく、早くも一九世紀前半から、関税障壁を乗り越え、あるいは、ヨーロッパ諸国、とりわけ隣接したフランスやドイツへ積極的に直接投資し、また企業進出を進めた。そもそもベルギーのような小国では、工業化を遂行しようとすれば、必然的に外国との取引を増やさざるをえなかったからである。

ベルギーは、鉄鋼、石炭、機械、重化学など、大量生産型の重化学工業を機軸とする一方で、巨大株式銀行がそれと深くかかわりながら発展した。

とくに投資銀行＝企業会社＝持株支配会社がヨーロッパ内部や海外での鉄道建設などで活発な企業活動を展開した。またベルギーは、早くから植民地獲得に奔走し、一八八五年から、コンゴ植民地を獲得した。とりわけ両大戦間期以降、その銅山やラジウム、ウランの採掘・精練が、ベルギー経済にとってきわめて重要な支柱となった。

このようにベルギーの工業化は、ヨーロッパの対外進出の典型的な一形態としてとらえることができるのである。それは、植民地が第一次産品を輸出し、本国で加工するという形態である。

ベルギーの工業化には、鉄道が大きな役割を果たした。まず、鉄道建設のためにロンドンで外債を発行し、資金を調達したが、それはベルギーとドイツ・フランスとを結ぶ新交通路「鉄のライン」として計画されたものであった。この鉄道建設によって、膨大なレールや鉄道資材の需要が見込まれ、さらに石炭のフランス向けの運賃の低下が期待された。

その計画をバックアップしたのが、巨大銀行ソシエテ・ジェネラルであり、新しい株式会社を設立し、既存企業の改組を進めた。またソシエテ・ジェネラルの強大な勢力に対抗するため、一八三五年にベルギー銀行が設立され、この二大銀行は競いながら、製鉄、石炭のみならず、機械、ガラス、さらに亜麻紡績、炭鉱鉄道、運河などの新分野に多くの株式会社を新設、改組していった。

ベルギーの工業化には、外国資本が使われた。当初はフランスの、一八四〇年代からはイギリスの資本が流入したが、一八五二年になると、自国の資本が投入されるようになっていった。

さらに一八六〇年代からは、ベルギーはロシアや中国や日本を含む後進地域への直接投資をしたばかりか、資本輸出や技術援助により、鉄道や兵器工場など資本財の輸出市場の拡大にも力を注いだのである。

†フランス

フランスの経済は、一七八一～一九一四年に、農業から工業へと重心を移した。イギリスの工業化と同様、フランスも綿織物工業を機軸に進展した。さらに一八三〇年以降、綿業と並んで重工業部門や鉄道などがほぼいっせいに発達しはじめた。

フランスの工業化は、ノルマンディー地方の綿業からはじまり、主として大衆向けの粗綿布を生産していた。世界市場における圧倒的なイギリスの綿業に対する対抗措置の必要もあり、フランスは、最初から大規模な工場と急速な資本集中的生産が必要であった。

そのため綿業の中心は、ノルマンディーからアルザスに移行した。アルザスは、もともと優秀な染色技術で知られ、高級綿布を生産していた。そして、アルザスでは最初から大規模な工場がつくられただけではなく、捺染業《なっせんぎょう》を起点に紡績・織布の両工程が統合され、綿業の一貫生産が実現された。

一八六〇年代になると、鋼生産が急激に伸びた。新技術の導入により、大規模な製鉄所が建設されるようになったのである。銑鉄《せんてつ》・錬鉄《れんてつ》の生産量は一八三〇年頃から伸びはじめ、とくに一八五〇〜六〇年代に著しく増大した。大企業による生産集中と並行して、産炭地域のノール県、中部地方や鉄鉱石炭地域ロレーヌなどへの生産地の地域的集中も進展した。

フランスの工業化は、鉄道によってさらに押しすすめられた。一八四二年に鉄道法が成立し、営業キロ数は一八四八年に二二九三キロメートルになった。

ナポレオン三世が皇帝になった一八五二年から、フランスの鉄道政策は前進した。鉄道は軍事的にも非常に大切な輸送手段なので、その建設は急務であった。

一八五一年には一四億五〇〇〇万フランであった鉄道への投下資本額総計は、一八七〇年になると八一億フランになり、一八五一年末に三六二七キロメートルであった営業キロ数も、一八七〇年には一万七九三三キロメートルへと急増した。

一九世紀前半におけるフランスの対外投資は、その圧倒的な部分が外国公債購入にあてられ、全体の八〇パーセントを占めていた。ナポレオン三世が皇帝になると、企業投資の比率が著しく増加し、なかでも外国鉄道への投資が目立った。一八五二〜八一年のフランスの対外投資額一五〇億フランのうち、三五パーセントの五二億五〇〇〇万フランが外国の運輸企業に投資された。

運輸部門への投資は、スペイン、イタリア、ポルトガルなど地中海諸国への投資が全体のほぼ半分を占め、ついでオーストリア、ハンガリー、スイスといった中央ヨーロッパへの投資が続いた。ただしそれは、イギリスのようにヨーロッパ外世界にまで広がるようなものではなかった。

†ドイツ

周知のように、一八三四年にはドイツ関税同盟が結ばれ、ドイツ統一の経済的基盤作りが進んだ。これこそ、ドイツ歴史学派の経済学者として名高いフリードリヒ・リストが賞賛した政策であった。

しかし、この関税同盟には当初、ハンブルク・ブレーメン・リューベックという旧ハンザ都市は含まれていなかった。これらの都市を欠くような統一を目指したことは、じつはドイツにとって大きなマイナスだったはずである。

ドイツの工業化は時期的には一八三〇年代にはじまり、世界的な大不況のあった一八七三年頃までに完成したといわれる。工業化の急速な進展は一八四〇年代のことであった。それは、鉄道建設ブームが起こったのがきっかけである。一八三五年にニュルンベルク―フュルト間で開通したのを皮切りにして、ドイツの鉄道網は急速に延び、一八七二年には、鉄道営業キロ数はイギリスを上回るようになった。この鉄道網により、ドイツの国内市場が急速に統一されることになる。ドイツの河川は南北に流れ、その点では交通に便利であったが、東西の交通路は不便をきたしていた。その東西の交通路を、鉄道が結んだのである。まさに鉄道によって、ドイツの国内市場は統一されたのだ。

一九世紀中頃に、ドイツのルール鉱山地帯は大発展を遂げたが、それにはイギリスの企業が六社参加していた。この鉱山地帯の発見は、ドイツ経済に決定的ともいえるインパクトを与えた。ルール鉱山地帯が新たな成長地域に直結し、ドイツ重工業の中心となったばかりでなく、西欧最大の工業地帯になった。ルール地方からは石炭が供給され、技術革新のため木炭を使う必要がなくなっていった。製鉄業は鉄道の建設と絡み合い、急速にその重要性を増大させていった。

ドイツの製鉄業はドイツ国内にかぎらず、世界的な鉄道ブームの中で大きく伸びた。鉄道建設は、経済拡張および工業化動因として大規模な製鉄需要から製鉄業と石炭業の連鎖をも生み出し、間接的に鉄を使う機械・工作機械・金属工業の発展も促進した。

製鉄業は、鉄から鉄鋼へと重点をシフトさせた。そうして強化された鉄鋼業は一八七三年の大不況にも抵抗し、さまざまな革新的技術を導入した。ドイツの鉄鋼業の成長は目覚ましく、一九一〇年には粗鉄・粗鋼の生産で、イギリスを圧倒的に上回り、世界一になった。

さらにドイツでは化学工業と電機工業が大きく発展した。これは、綿織物工業を中心とするイギリスに対し、第二次産業革命と呼ばれる。

ドイツでは、一九世紀末に高等工業専門学校や工科大学が隆盛を極め、科学技術教育がさらに進み、専門的な知識を持つ技術者が尊敬された。これは、イギリスとは対照的である。イギリスでは、専門的教育ではなくアマチュアリズムが重要視された。たとえば、イギリス人の理想といえば有閑階級であるジェントルマンであるが、彼らは専門的な教育を受けない、いわば素人なのである。彼らは、専門的な知識を持っているから尊敬されたのではなく、専門的でないからこそ尊敬された。イギリス人のこのような傾向は、高度な工業化社会には不向きであり、ドイツに対し工業面で遅れはじめるのは避けがたかった。

このような産業の発達を背景として、ドイツの資本輸出は一八八〇年頃から著しくなり、第一次世界大戦直前には、外国への証券の投資は二二〇億～二五〇億マルクに達した。その他の直接投資も、この額のほぼ半分に達し、ドイツの資本輸出額はイギリス、フランスに次ぐ世界第三位となった。

ドイツの資本輸出の特徴は、以下の三点にまとめられる。第一に、ドイツの海外投資額の約三分の一が海外企業への直接投資であり、証券投資でも、企業への投資が多かったこと。第二に、先進国への投資が多かったことである。それは、ドイツには植民地がなかったからだといわれるが、むしろイギリスほどには金融システムが発達しておらず、ヨーロッパ以外の地域に投資することができなかったと考えるべきであろう。

第三は、ドイツの資本輸出の担い手は国内産業資本とそれに融合した大銀行資本だったことである。それに対しイギリスは、マーチャント・バンカー（手形引受けないし証券発行を主要業務とする金融利害関係者）が主力であった。ドイツでは巨大独占企業と金融資本がより多くの利潤を獲得していくために資本輸出をしたのである。

しかもすでに存在していた外国勢力との間に割り込んでいったので、そのことが、第一次世界大戦を引き起こすきっかけにもなった。

†ロシア

ロシアは、社会的には大きく遅れていた。それが如実に感じられたのが、ナポレオン戦争のときであった。ナポレオンの軍隊に勝つには勝ったが、ロシア社会の後進性は明らかであった。ツァーリ（皇帝）の専制政治、農奴制の残存などがそれにあたる。一八二五年にはデカブリストの反乱がニコライ一世の即位に際しておこったが、それは鎮圧された。

一八五三〜五六年のクリミア戦争で、ロシアは西欧の先進地域であるイギリス・フランスに歯が立たず、工業の後進性、兵器産業と直接関連する機械産業の脆弱さ、鉄道や道路などの運輸条件の劣悪さ、国家財政基盤の弱さをはじめとする、後進性が明らかになった。

そのため一八六一年に農奴解放がなされたが、領主階級の利益を最大限に保証した、上からの改革であったことも事実である。農民は農奴解放令によって旧領主への人格的な従属からは解放されたが、経済的には従属を余儀なくされた。大多数の農民は、地主から土地を借りなければならなかったのだ。一九〇六年のストルイピンの改革によってようやくミール共同体（伝統的な農村共同体）は解体し、農民は自作農化した。

このような社会状況のなか、ロシア紡績業の基礎が、一八三〇年代中頃に築かれた。それはサンクト・ペテルブルクに相次いで建設された、いわゆる三大紡（三大紡績会社）によってはじめて確固としたものとなった。設立の主体は外国人貿易商・技術者・進歩的貴族であった。数万錘《すい》の規模の大きな工場であった。

当初はイギリスから輸入した綿糸の方がシェアが高かったが、一八四〇年代には国内綿糸が追い越した。

またロシアにおいても、鉄道建設が進んだ。さらに鉄道は、重工業の発展と国内市場の拡大を促し、ロシア資本主義にとってきわめて大切な役割を果たした。鉄道建設に誘発された重工業の諸部門は、フランス・ベルギー・ドイツなどからの膨大な資本の流入に支えられて、一八九〇年代に飛躍的な発展を遂げた。

一八九一年には、シベリア鉄道が着工された。その資本は、フランスをはじめとする外国資本が提供し、一九〇〇年には総延長は五万三〇〇〇キロメートルに達した。

　こうした大規模な鉄道建設は関連資材に膨大な需要を創出することになり、機械工業、製鉄業、石炭業などの重工業部門はこの時期に飛躍的な発展を遂げた。

†スウェーデン

　一八世紀において、スウェーデンは農業面で驚くべき変化を遂げた。ジャガイモの生産が増大し、そのため、穀物の国内での需要が下がり、穀物とくにオート麦（カラス麦）の輸出ができるようになった。この農業改革のおかげで借金が支払え、その後の工業発展に必要な資金を提供することができた。またジャガイモの生産量の増大は、人口の増大をもたらした。

　一八七〇年代になると、工業製品の輸出が増加し、量的にはかつてないほどの規模になった。これは、主として外国からの需要の増大によるものであったが、それに対して一八九〇年代の経済成長は、工業製品に対する国内の人々の需要が増加したためであった。

　この頃、工業部門の労働者の数は、毎年三・四パーセント増加し、生産額は毎年一〇パーセント上昇した。一八六〇年代半ばには、工業労働者の数は六万〜六万五〇〇〇人になり、そのうち一万四〇〇〇人が鉄工業に、約一万人が製材業に、一万一〇〇〇人が織物業に従事していた。鉄工業の発展は、国内市場に向けてのものであった。外国との競争に勝つことが難しかったからである。

スウェーデン国有鉄道は、資金のほとんどが外国から導入された。一八七〇年代においては、鉄道の長さは毎年一四パーセント増加した。つまり、この間に三倍以上になり、五〇〇〇キロメートルに達したのである。

一八九〇年代においては、国内市場が外国市場と同様のスピードで拡大した。この国内市場を基盤とする経済成長には、一八八八年の農業保護関税の導入を契機とする保護貿易体制への復帰のほか、次の三つの要因が考えられる。

第一に、一八七〇年代以降鉄道建設が進み、一八九〇年代からは水力発電所が建設され電力の使用が普及するなどインフラストラクチャーの建設が進んだことである。

第二に、都市化により非農業人口が増大したことである。このことは、労働者を含めた全般的な生活水準の向上とあいまって、繊維・織物業、仕立業、製靴業、食料品工業などの消費財産業の勃興をもたらした。

第三に、農業の集約化・合理化が、工業の発展を促したことである。機械工業は、農業機械を国産化し、二〇世紀になるとさらに輸出を進めてゆくことになった。

†イタリア

ヨーロッパ各地でおこった工業化の影響は、一八六一年に統一される以前の、圧倒的に農業が優勢であったイタリア経済にも大きな影響を与えた。その影響は、主としてつぎの二つの側面に由来した。

第一に、イタリア北部から第一次産品である絹が、フランス・イギリス・ドイツ・スイスに輸出された。第二に、すでに工業化しつつある国を模倣する、ということである。

絹の生産は、イタリア北部、とりわけピエモンテとロンバルディアにかかわりがあった。綿ではなく絹が、イタリアの工業化を生み出したのである。

イタリアの繊維工業発展には、主として三つの要因があった。第一に、アルプスから流れる数多くの川からの水であった。第二に、大量に供給される労働力。第三に、関税。これらの条件が、イタリアに、貧民のための質の劣った繊維製品を供給することを可能にさせたのである。

しかしイタリアでは、工業に関心をもつ人々は少なく、最新の技術を導入するよりも、低賃金労働と関税障壁を利用しようとした。そのため、技術革新がなされるまでには時間がかかり、したがって最新の機械は入ってこなかった。企業家は保護主義と女性と子どもの労働に頼ろうとしたのである。

一八三〇年代から、他のヨーロッパ諸国と同様、イタリアでも鉄道が建設されはじめた。しかし一八五九〜六〇年までのイタリアの鉄道の総延長キロ数は、一七九八キロメートルしかなかった。だが、鉄の生産は増大せず、また機関車も外国からのものが多く、イタリア経済はなかなか発展しなかった。

鉄道は、一八七一〜八六年に、新しい路線が年平均三七六キロメートルつくられた（それ以前の一〇年間は、年平均一七六キロメートルであった）。しかし、鉄道建設の波及効果は少なかった。レール、エンジン、列車、鉄橋のための鉄の供給のほとんどは、イタリア以外から来たからである。鉄道建設を主導したのは外国の会社であって、イタリアの会社とはなんのつながりもなかったからだ。したがって、他国とは異なり、鉄道がイタリアの経済発展におよぼす影響は、決して大きなものとはいえなかったのである。

イタリアは自由貿易をおこなった。それは、世界の他の地域、とりわけ先進地域との接触を増大させようという意欲の賜物であった。イタリアは、圧倒的に農業国であり、一八八一年においてさえ、民間部門の国民生産の五七パーセントが農業によるものであった。貿易の拡大とは、農業生産物を輸出して、工業生産物を輸入するということを意味したのである。自由貿易政策は、絹・オリーブオイル・チーズなどの輸出品を産出する地主や農民にとって利益をもたらした。

イタリア工業は、一八八〇年頃に進歩しはじめた。それは、おもに国家の統一によって、国内市場が拡大したからである。

一八七八年には小規模な、一八八七年には大規模な保護関税が導入され、鉄道のための機械の供給には国家的な援助がなされた。鉄や鋼鉄の生産が促進され、大型の船舶が建造された。輸送料が下げられた結果、輸入する鉄の価格が下がった。

それと同時に、資本が農業から工業に投資先を変えはじめた。一八七六年頃に起こった農業危機のため、アメリカからの穀物輸入を増やした。そのため、農業はあまり魅力的な分野ではなくなったのだ。

工業の中で、もっとも発展したのは綿業であった。その大きな要因としては、関税による保護があげられる。綿工業は、一八七六年には六二七の工場と五万二〇〇〇人の労働者がいたが、一九〇〇年には、それぞれ工場数は七二七、労働者数は一三万五〇〇〇人となった。

†イタリア移民が可能になった理由

最後に、イタリア移民について論じたい。それは、イタリアの工業化において、移民の送金が、大きな役割を果たしたからである。工業化が進むとエネルギーの輸入を増加せざるをえないため、国際収支は赤字になりがちであるが、イタリアの赤字が最小限にとどまった大きな要因として、移民の送金があった。ある計算によれば、一九〇一〜一三年には、一二二億九一〇〇万リラの貿易外収支のうち、三分の一が観光業からの、半分以上が外国からの送金によるものであった。

このように、イタリアの国際収支悪化を抑えた大きな要因は移民による送金であった。カトリック国であるイタリアは、家族の絆が強かったから、移民は送金をしたのだ。

イタリアからの移民は、一八八〇年代の終わり頃急速に拡大し、一九〇一〜一〇年には、年平均で六〇万人が移住した。彼らの多くが、母国イタリアに送金したのである。

イタリアからの移民というより出稼ぎについて興味深い記述は、「母をたずねて三千里」（原作はイタリアのエドモンド・デ・アミーチスの『クオーレ』の挿入話）にある。

母親は二年前、ブエノス・アイレスにでかけたきりだった。アルゼンチン共和国の首都にいって、どこかお金持ちの家に住みこみで働けば、不幸がかさなって、貧乏どころか借金までかかえるところまで落ちぶれてしまった自分の家を立てなおすくらいのお金は、すぐにもかせげるだろうと考えたのだ。そんな目的で、はるばる長旅をして、何年もしないうちに、何千リラというお金をもって故郷に帰ってくる——そんなけなげな女のひとは、けっして少なくなかった。それというのも、いった先での住みこみの給金がべらぼうに高いおかげだった。

（エドモンド・デ・アミーチス『クオーレ』和田忠彦訳、平凡社ライブラリー、二〇〇七年、三一五頁）

一三歳の少年のマルコが、アルゼンチンまで一人で旅をできたのは、この時代に大西洋を航行する船舶が比較的多かったからであろう。また、カトリックの親族の絆の強さもここでは示されている。さらに、イタリアは貧しく、アルゼンチンが比較的豊かな国であったことが想像される。実際アルゼンチンは、一八八〇年代から経済成長をし、大量のヨーロッパ移民を引きつけたのである。

アルゼンチンは、広大なパンパ（ラプラタ川流域に広がる平原）を開発するために大量の移民を必要としていた。一八七六年には移民法が制定され、ヨーロッパ移民は優遇された。そのため移民はほぼヨーロッパ人にかぎられていた。

イタリアにかぎらず、南アメリカ大陸への航路をもつ船会社と移民斡旋《あっせん》業者が、情報をもたない人々に過大な夢をもたせて、人々をラテンアメリカに送り込んだのである。ところで、一般のヨーロッパ人は、手紙によって、ラテンアメリカにいる家族と情報を交換した。また、そういうことができたからこそ、ヨーロッパの人々は、安心して、ラテンアメリカまで航海することができたのである。

一八七四年に万国郵便連合（Universal Postal Union＝UPU）が誕生したことが、手紙のやりとりを促進する大きな要因となった。

万国郵便連合が成立する以前には、外国宛の郵便に関する統一した制度はなく、二国間の双務的郵便条約が存在していただけであった。郵便料金は、場合によって大きく変わった。手紙が運ばれる船舶・使用ルート、さらに手紙が輸送される場合の郵便契約、旅の始点と終点のあいだの国内航海の長さによってまちまちであった。同じ時代であっても、郵便を送る方法を変えれば、費用も違った。さらに一九世紀前半までは、手紙の費用を支払うのはほとんどが受取人だったのである。

万国郵便連合によって、国際的に郵便料金が統一され、安価になり、料金を支払うのは、手紙を送る人だと決められた。一般の人々は、手紙により、国境を越え、大洋を越えて郵便を送り、情報のやり取りをしたのである。すでに移民していた人たちからの信頼できる情報を入手していたのだ。

ここまで見てきたように、ヨーロッパ諸国は工業化していった。その結果としてヨーロッパで発展した鉄道網を伝って、工業製品は港へと運ばれ、さらにそこから世界各地に輸送された。たとえばヨーロッパを代表する貿易港であるハンブルクは、元来小さな港町であったが、ドイツがヨーロッパ外世界との関係を深めるとともに巨大な貿易都市へと変貌し、人口が増加した。その人口は一六〇〇年には四万人でしかなかったが、一八〇〇年には一三万人、一八七一年には二四万人、一九〇〇年には七〇万人、一九一三年には九三万人と、大きく増加した。一八四七年には海運会社であるハンブルク―アメリカラインができ、アメリカ大陸とドイツを結んでいる。このような変化は、ハンブルクほどではなくても、ヨーロッパのいくつもの貿易都市にあてはまった。

工業化と、その結果としての鉄道網の整備、また貿易都市の成長により、ヨーロッパとヨーロッパ外世界との結びつきは、さらに強まった。工業製品は、鉄道によって貿易港まで運ばれ、さらに蒸気船でヨーロッパ外へと運ばれた。そうしてヨーロッパ人にとって、他地域はずっと身近なものになっていったのである。

3 ヨーロッパの変貌と他地域との関係

†ヨーロッパが輸入する食料

ヨーロッパは、他地域との商品の交換を増やした。それを表すものに、「コロンブスの交換」という用語がある。「コロンブスの交換」とは、アメリカの歴史家アルフレッド・クロスビーがつくった用語であり、新世界とヨーロッパで植物、動物、食物、人間、病原体などが交換されたことをいう。

新世界からヨーロッパに輸入されたもののなかで、もっとも重要だったのはジャガイモ、ついでトウモロコシであった。食物史家である南直人の研究では、トウモロコシはあくまでも穀物の代用品であり、「貧民の小麦」として受け入れられたにすぎず、本質的に家畜用の飼料であった（南直人、一九九八）。

ジャガイモはアンデス山脈の原産であり、たとえば一九世紀には全ドイツに広まり、とくに下層の人々によって食された。

さらに砂糖生産の原料として、熱帯産のサトウキビよりも、ヨーロッパ産のテンサイが大幅に増加した。そのため砂糖生産量・消費量はヨーロッパ全体で大きく増え、すでにヨーロッパに輸入されていたコーヒー、茶、ココアなどとともに、ヨーロッパ人の食卓を潤した。そうしてヨーロッパ人の栄養状態の改善に貢献したのである。

さらにこれまで再三述べてきたように、鉄道によりヨーロッパ大陸を横断する時間は大幅に縮まり、ヨーロッパ世界は、それ自体一つの市場として機能するようになった。そして食料が比較的すみやかに供給されるようになった。たとえば、デヴィッド・カービーは、その様子をこう描く。

工業化以前の時代、消費される新鮮な魚の大部分は、ヨーロッパの沿岸部以外では川と池、それに湖が供給していた。一八四三年の段階でもエアフルトのようなドイツの内陸都市では、新鮮な海の魚の到着は、かなりの興奮を呼び起こすほど稀なことだった。ハンブルクが鉄道の開通を目前に控えていたことは、市場の狭さに悩んでいたヘリゴラントの水産業者やドイツ沿岸の漁業コミュニティにとって、おそらく救いとなったと思われる。鉄道の出現が、海で獲れた新鮮な魚を大量に素早く、ヨーロッパ内陸部の町や都市に運ぶことを可能にしたのである。

（デヴィド・カービー、メルヤ-リーサ・ヒンカネン『ヨーロッパの北の海――北海・バルト海の歴史』玉木俊明他訳、刀水書房、二〇一一年、二一三頁）

ここからも明らかなように、鉄道によって、魚がまだ新鮮なうちに、ヨーロッパ大陸諸都市に運ばれたのである。さらにヨーロッパ外世界からきた砂糖、コーヒー、茶、ココアなども、船舶から鉄道へと積み替えられ、ヨーロッパ各地に送られた。そのために、ヨーロッパ人の食料事情は大きく改善された。

†大西洋を渡る人々

蒸気船が一般に使用されるようになると、ヨーロッパの貧しい人々にとって、大西洋を渡り、アメリカ大陸に行くことが現実味を帯びてきた。

アメリカは、一五世紀末、突如としてヨーロッパ人に利用可能な資源を提供した。アメリカ大陸の存在がなければ、ヨーロッパ大西洋貿易を発展させることはできず、工業化もなく、アジアより貧しいままであったかもしれない。

アメリカ大陸の存在が、ヨーロッパの歴史を大きく変えたのである。これは、「歴史のアメリカ的解釈」(American interpretation of history)と呼ばれる。以下、まさにそのような立場から書かれる。

アメリカ大陸には大量の天然資源があった。アメリカ合衆国は、ヨーロッパとは異なり、産業を発展させるために必要な天然資源を、ほぼ国内でまかなうことができた。その一方で人口は稀少であった。したがって、人々の賃金は高くなる傾向にあった。そのようなときに、蒸気船が利用されるようになり、多くの人が渡ったのである。

†アメリカ大陸に渡ったヨーロッパ人

では、どれくらいの人々がヨーロッパから新世界に渡ったのだろうか。

ケヴィン・オルークによれば、一八二〇年から一九一四年にかけて、おおむね六〇〇〇万人が、新世界へと渡った。一九世紀初頭は輸送費用が高く、自由な労働者の移動はまだ少なく、国際的な移住は、主として黒人奴隷であった。一八二〇年代は、自由な労働者の移動は一年間あたり一万五三八〇人にすぎなかった。それに対し奴隷輸送は、六万二五〇人であった。

一八四〇年代には、自由な労働者の移動は、一年間あたり一七万八〇〇〇人となった。一八四六年から三〇年間で、ヨーロッパの大陸間移民（新世界とはかぎらない）は、年平均で約三〇万人となった。

地図4は、アジア経済史家の杉原薫が作成したもので、一八二〇年から一九四〇年にかけての国際労働力の主要な流れを示す。ここからもわかるように、ヨーロッパからアメリカ合衆国への移民が圧倒的に多い。本節でアジアを論じず、考察の対象を新世界に限定するのは、それが理由である。

そもそも、移住するヨーロッパ人の賃金は低かったのである。図3は、アメリカ合衆国とアイルランド、ノルウェー、イタリアの賃金を比較したものである。

このような移住により、アイルランド人、ノルウェー人、イタリア人の賃金は、それぞれ三二パーセント、二八パーセント、一〇パーセント程度上昇した。そして一八七〇～一九一〇年に、新世界と旧世界の賃金格差は、一〇八パーセントから八五パーセントへと縮小した。

ジャガイモの不作のために一八四五年にアイルランドで大飢饉がおこり、一〇〇万人以上の餓死者を出し、人口が減少したばかりか、多くの人々が移住することになった。しかしもし新世界が発見されず、ジャガイモがアイルランドで栽培されていなければ、そもそもアイルランドの人口はもっと少なかったであろう。また、イギリスの帝国主義的発展がなければ、アイルランド人が合衆国、カナダ、オーストラリアなどに移住することも不可能であった。

ヨーロッパでは労働力が過多であり、そのため賃金は低下する恐れがあった。しかしヨーロッパからの移民が増大することで、ヨーロッパは労働力過多ではなくなり、賃金は低下せずにすんだ。

地図４　国際労働力移動の主な流れ（1820〜1940年）

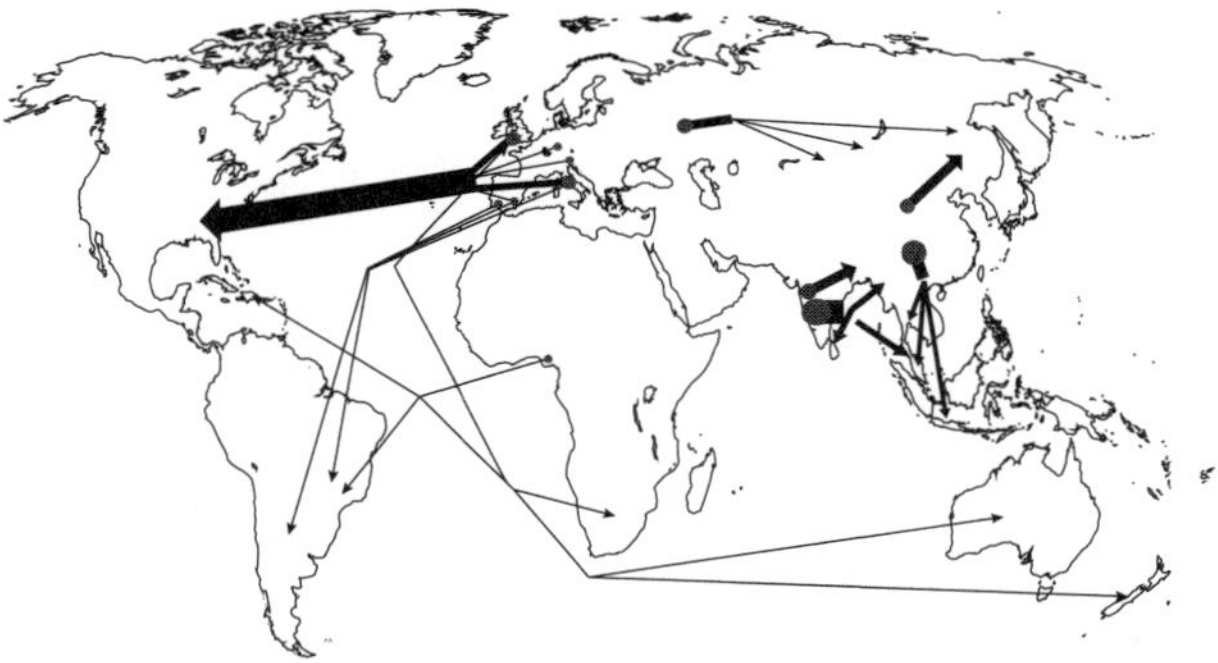

出典：杉原薫「近代世界システムと人間の移動」『岩波講座　世界歴史19 移動と移民』岩波書店、1999年、11頁をもとに作成

図３　アメリカ合衆国との賃金比較
（1870〜1913年、アメリカ合衆国を100とする）

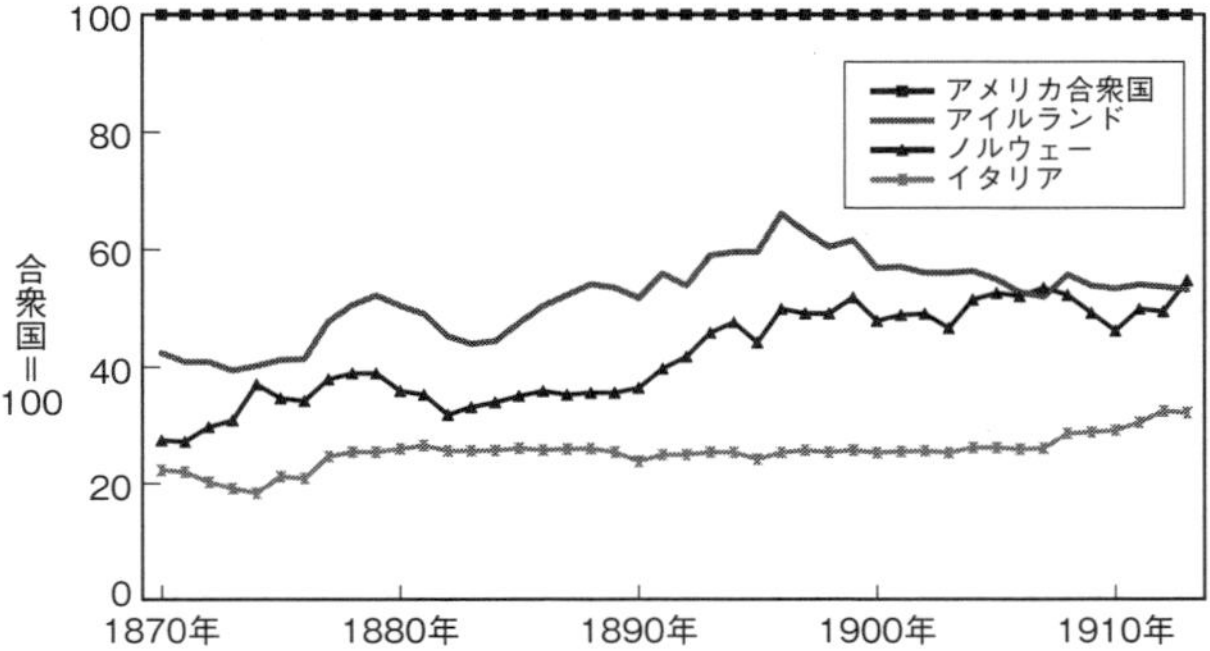

出典：Kevin H, O'Rourke "The Era of Free Migration: Lessons for Today", Prepared for presentation at conference on Globalization, the State and Society, Washington University, 13-14 November 2003,p.32.

もし大量の移民がなかったとしたら、賃金格差は一九一〇年の段階で一二八パーセントになったと推測されている。したがって、一八七〇〜一九一〇年の実質賃金の格差縮小は、移民の寄与度が大きかったと考えられる。

新世界に渡った移民の移動コストは、先に渡ってきた移民が負担した。要するに新世界では、交通費を負担することで、過去の移民が現在の移民を促進するシステムが形成された。歴史家は、それを「チェーン・マイグレーション」と名づけている。

このように大量の移民が存在した以上、ヨーロッパの工業化による利益は、決してヨーロッパ人全員におよんだわけではないことがわかる。たとえばイタリアの工業化を述べる際に示したように、イタリアはなお貧しく、南部はさらに貧しかった。

スカンディナヴィアも工業化を経験していたが、この地域の生活水準がヨーロッパ全体に匹敵ないしそれ以上になるのは、二〇世紀後半になってからのことだった。

したがって、工業化がヨーロッパをすぐに非常に豊かにしたと考えるのは間違いであろう。ヨーロッパはたしかに豊かになった。しかしその影響がおよばない地域もあったというべきである。

また、アメリカ合衆国については工業化しており、人口密度がヨーロッパよりも低かったので、労働者は不足しており、賃金はより高かった。

一方ヨーロッパは、低賃金の労働者を他地域に追いやることで、ヨーロッパ内の労働者数を減らし、それにより労働者の賃金を上昇ないし維持することに成功したのである。

4　イギリスのヘゲモニーへ

†イギリスの資本輸出

労働者の移動に続いて、資本の移動に話題を移そう。

ここではイギリスのヘゲモニーを、資本輸出の観点から詳しく見てみる。イギリス経済史の大家角山栄によれば、一八七三〜一九一三年は、資本輸出を中心とする世界資本主義への移行の時代であった。その中心は、むろんイギリスにほかならない。イギリスは、世界の工場から、世界の銀行へと変貌していったのである。

イギリス経済史家の吉岡昭彦の研究によれば、海運料収入、貿易・保険サーヴィス収入、とりわけ利子配当収入が、貿易収支の大幅な赤字を補塡していた。さらに、第一次世界大戦前夜においては、イギリスの海外投資の四七パーセントが植民地に集中しており、さらに植民地投資のうち七〇パーセント以上はドミニオン（自治領）に投下されていた。

さらに尾上修悟の研究によれば、一九〇一～一〇年の時点で、イギリスの新規対外投資は、北アメリカが四億一九〇〇万ポンドと圧倒的に多く、ついでアフリカが二億七〇〇万ポンド、アジアが二億ポンド、南アメリカが一億九八〇〇万ポンド、ヨーロッパが八一〇〇万ポンド、オーストラレーシアが五四〇〇万ポンドであった。イギリスは、明らかに植民地とドミニオンに対する投資が多く、大陸ヨーロッパへの投資が少なかったのである。

†イギリスの社会構造を変えなかった工業化——ジェントルマン資本主義

遅くとも近世になると、イギリスの支配階層はジェントルマンになった。彼らは地主であり、定職をもたず、農業などの土地からの収入で生活していた。そのように給料をもらわず、別の収入源がある人々がイギリスの支配層であった。この構造は、名誉革命が発生した一六八八年から一九世紀半ばまで続いた。

しかし一九世紀中頃になると、地主以外の人々が新しい支配層＝ジェントルマンとして台頭してくる。専門職、内科医などがその代表であるが、そのなかでもっとも重要だったのは、金融利害関係者であった。イギリスは資本輸出をしており、その担い手が彼らだったからである。ロンドンの金融街の「シティ」で金融業を営む人々が、支配者層になっていった。それは、イギリスが金融業で巨額の利益をえていただけではなく、彼らには給料以外の不労所得があったからである。地主も金融業を営む人々も、不労所得によって生活していた。イギリスの資本主義では、「不労所得」を稼ぐことこそが理想の姿だとされたのだ。それは、少なくとも名誉革命から第一次世界大戦まで続いたのである。

結局、産業革命はイギリス社会の構造は変えなかった。すなわちジェントルマンが支配階級であり、彼らが中心となってイギリス経済を動かしたのである。イギリス史では、こういう考え方は、「ジェントルマン資本主義」と呼ばれる。

表6にあるように、イギリスの貿易収支が黒字であったことは、一七一〇〜一九〇〇年において、ほとんどない。「世界の工場」といわれていたイギリスは、決して工業立国とはいえなかったのである。さらに興味深いことに、一九世紀後半以降、海運業からの純収入、保険や貿易による利益、サーヴィスからの収入が増えていくことがわかる。

一八世紀末から、イギリスは世界最大の海運国家になった。海運業の発展とともに、イ

表6　イギリスの貿易とサーヴィス額（単位100万ポンド）

年度	貿易収支	海運業からの純収入	保険など	貿易による利益	サーヴィスからの収入
1710	−0.13	0.50	0.00	0.57	1.07
1720	−1.83	0.70	0.00	0.55	1.25
1730	−2.76	0.90	0.10	0.64	1.64
1740	−2.28	1.20	0.15	0.62	1.97
1750	0.48	1.50	0.23	1.13	2.86
1760	−2.36	1.80	0.29	1.32	3.41
1770	−4.44	2.80	0.29	1.14	4.23
1780	−3.82	3.20	0.26	1.06	4.52
1790	−10.14	4.20	0.45	1.79	6.44
1800	−10.24	5.20	0.73	2.92	8.85
1810	1.60	9.00	2.90	5.70	17.60
1820	−9.60	8.40	2.50	5.10	16.00
1830	−14.30	7.90	2.50	5.00	15.40
1840	−32.90	12.60	3.80	7.60	24.00
1850	−23.20	14.20	4.70	9.30	28.20
1860	−52.40	27.70	9.40	18.80	55.90
1870	−65.50	45.70	13.70	27.40	86.80
1880	−130.00	60.00	15.70	31.40	107.10
1890	−96.80	60.60	16.90	33.70	111.20
1900	−178.60	68.50	17.50	35.10	121.10

出典：Elise S. Brezis, “Foreign Capital Flows in the Century of Britain’s Industrial Revolution: New Estimates, Controlled Conjectures”, *Economic History Review*, 2nd ser. Vol.48. No.1, 1995, p.4から作成

ギリスの海上保険は、大きく発展することになった。そして、サーヴィスからの収入としてもっとも重要な部門として、イギリスが他国を圧倒していたのが保険・金融と電信があった。

イギリスは工業化によって国家構造そのものは変わらなかった。ジェントルマンによる支配は続いていた。一九世紀のイギリスにとって重要だったのは工業ではなく、貿易外収入であった。すなわち、海運料収入、貿易・保険サーヴィス収入、とりわけ利子配当収入が、貿易収支の大幅な赤字を補塡していたのである。

イギリスの経済力の強さは、産業革命期である一八世紀後半から一九世紀初頭よりも、それ以降に明確になる。とりわけグローバリゼーションが進んだ一九世紀後半から、イギリスは、世界経済の覇権国として君臨した。ヨーロッパ諸国が工業化し、その製品をヨーロッパ外世界に輸出することによって大きな利益をえたのは、イギリスであった。

地主と金融業を営む人々は、巨額の不労所得を期待できる点で似ていた。そしてどちらも、イギリス社会の担い手となった。しかし地主＝ジェントルマンの生活はあくまでもイギリス国内の経済に基盤をおいたのに対し、金融業を営む人々＝ジェントルマンの生活は、世界経済の活動と密接かつ不可分に結びついていた。

第五章でも論じるように、イギリスは、世界各地から手数料収入をえた。そしてジェントルマンの生活は、手数料収入に依存していた。いうなれば、イギリスがヘゲモニー国家となり、世界金融の中心になったからこそ、一九世紀後半からのジェントルマン資本主義が成立しえたのである。

第三章

労働する人々

フランスの児童労働(1910年頃、アムステルダム国立美術館蔵)

経済が成長するためには、人々が市場での労働を増やさなければならない。それは、一八～一九世紀のヨーロッパで生じたことであった。ヨーロッパ人は、とくにヨーロッパの外から輸入される消費財を獲得するために、市場での労働を増やしたのである。

たとえば砂糖は西インド諸島からヨーロッパに輸入され、ヨーロッパ人のカロリーベースの上昇に貢献し、その一方で、新世界でサトウキビの生産に従事した黒人奴隷の寿命を縮めた。

農業労働とは異なり、工場労働では、労働時間とそれ以外の時間が明確に区別できる。世界で最初に工業化を経験したイギリスでは工場制度が発展し、労働時間が「可視化」されるようになった。そのため、労働時間以外の時間の一部として「余暇」が誕生した。やがてそれは、他のヨーロッパ諸国にまで広がった。そしてイギリスでは、植民地の拡大とともに、労働者も国外で働くようになり、たとえば女性の代表的な職業であるガヴァネス（住み込みの家庭教師）は、オーストラリアやニュージーランドにまで職を求めた。

1　反転労働供給と勤勉革命

†反転労働供給からの離脱

経済学でときおり使われる用語に、「反転労働供給」というものがある。

近代社会では、賃金が上昇しても、労働時間は減ることはなく、そのため生活水準が上昇するということが前提とされている。だからこそ、経済は成長し続けることができる。

しかし、前近代社会では、労働者は給料が二倍になると労働時間が半分になってしまう。労働者は、生活水準の上昇ではなく、その維持のために働くからだ。これでは、経済は成長しない。これを、反転労働供給という。

したがって、反転労働供給からいかに脱するかということが、経済成長にとってきわめて重要な問題になってくるのである。

給料を上げても労働者が働かないなら、経営者は低賃金で労働者をこきつかった方が良いと考えるであろう。そのため一七世紀のイギリスでは、重商主義者は、労働者の賃金は低い方が良いといっていた。長時間労働させるには、それしか方法がなかったのである。ところが重商主義者の意見は、一八世紀後半になると、高賃金の方を支持するように変わっていく。

おそらく高賃金にしても良いほどに、イギリス社会の生産性が高まったのであろう。さらにそれは、反転労働供給がなくなり、高賃金になっても市場での労働時間を減らさない世界が誕生したことを意味する。

ところで、ここでいう「労働」とは、市場での労働を意味するのであり、家庭での労働は入らない。これはまた、経済学の分析の限界でもある。

したがって反転労働供給とは、より正確には、賃金が増えると、市場での労働時間が減少することである。

重商主義者が高賃金を支持したということは、市場での労働に対してより高い賃金を支払うということを意味する。本章のこれ以降の叙述から明らかになるように、人々は、家庭での労働よりも市場での労働を選択するようになった。市場での労働時間を増やしたいという意味で、労働者は、「勤勉」になったのである。それがどのような意味をもったのかを明らかにすることが、本章の課題となる。

ここでの議論の対象は、イギリスが中心である。それは、イギリスが最初に市場経済を発展させ、さらに工業化を経験したため、市場経済と工業化の影響をどこよりも強く受けることになったからである。

さらにまたこの二つが、ヨーロッパ、とくにイギリスを世界経済の中心にすることに大きく寄与したからである。

†勤勉革命

「勤勉革命」という用語は、こんにちの歴史学界で広く受け入れられたものとなっている。勤勉革命は、まず日本経済史研究者の速水融《はやみあきら》によって一九七六年に提唱された。そして、それに影響を受けてアメリカ人の経済史家ヤン・ド・フリースが、一九九三年に新しい勤勉革命論を主張した。この二人の「勤勉革命」の内容は違っているが、ここではまず、速水の説を取り上げることにしたい。

速水の説を単純化していうと、江戸時代がはじまった頃の日本では、水田耕作には家畜が用いられていたが、一八世紀には家畜の代わりに農民が耕作するようになったことから、農民の労働時間が長くなったと結論づけ、さらに日本人は、資本集約的なイギリスタイプの産業革命（industrial revolution）ではなく、労働集約的な勤勉革命（industrious revolution）を経験したと主張したのである。

速水の説は、現在の日本経済史においておおむね認められている。日本の農業は粗放的だったのが、労働集約的になり、そのために労働時間が長くなっていったとされ、これを勤勉革命と呼ぶことは、現在では珍しくない。

しかし、私はこの説には納得できない。

かつて網野善彦が「百姓は農民ではない」と喝破したように、百姓が、いくつもの生業をもっていたことは、広く認められている。仮に農業における百姓の労働時間が増えたとしても、その百姓の総体としての労働時間が増えたかどうかは、じつは明らかではない。すなわち、労働者一人当たりの労働時間が増えたかどうか、わからないのである。

前近代社会においては、おそらく世界中で、複数の生業をもつことはふつうであった。経済学では、労働者は可能なら一つの職業に専念するという仮説があるが、現実の世の中では、生業がいくつもあることが当たり前だったのである（なお、英語では日本語での「生業」にあたる単語はないと思われる）。

日本では、ある百姓が、農民であり、漁民であり、かつ山野で働くということがありえた。勤勉革命とは、一人の労働者、すなわち一人の百姓の、総労働時間が増加したということである。しかし、私には、そのようなことは証明されていないと思われる。

ここで、ある仮説を立ててみよう。一人の百姓が、水田の稲作と漁業で生活を立てていた。この百姓が稲作のほうが儲かるということで稲作に使う時間を増やして、その分漁業での労働時間を減らした。だが、総労働時間は同じであったと仮定する。このとき、もし歴史家が、この人物が水田耕作のみに従事していたという前提で史料を読めば、「より勤勉になった」という結論を導き出すかもしれない。

歴史家は、史料は、さまざまな解釈をすることが可能だという前提に立たなければならない。より正確な解釈をするためには、多くの研究史を把握し、さらには周辺分野の研究を理解しなければならない。

一人当たりの総労働時間の計測こそ、勤勉革命を論じるメルクマールになるはずである。しかし日本の歴史家は総労働時間の計測はしていないと、私には思える。むろん、史料的な制約があるのだから、証明すること自体が難しいのかもしれない。しかし私が問題だと思うのは、日本の歴史家のあいだで、一人当たりの総労働時間を証明しようという意欲が感じられないことである。それがわからないかぎり、勤勉革命があったという明確な証拠にはならないことを、忘れるべきではないであろう。

†ヤン・ド・フリースの勤勉革命論

速水の説に影響を受け、アメリカの経済史家ヤン・ド・フリースは新しい勤勉革命論を提示した。それは一九九三年のアメリカ経済史学会での会長就任講演で提起され、翌年の*The Journal of Economic History*に掲載された。さらに、この議論をより洗練させ、二〇〇八年に『勤勉革命』を、ケンブリッジ大学出版局から上梓した。ド・フリースの論は、おおむね世界的に受け入れられているといって良かろう。

ド・フリースの勤勉革命論については、永島剛が手際よくまとめているので、その論考を参照しながら紹介したい。

ド・フリースは、経済学者G・ベッカーの家計時間配当理論を用いて論を展開する。ベッカーのモデルでは、世帯メンバーはその労働時間を「市場での労働供給」と「家庭内生産」のための時間に配分する。

ド・フリースは、従来は家庭内生産の割合が大きかったが、市場経済の発展とともに、市場での労働の比率が増えたという。市場から財を購入し、よりよい暮らしをするために、人々は市場での労働を選んだ。その方が、より豊かになると、人々は考えたからだ。

要するに、ド・フリースの主張によれば、人々が市場からより多くの消費財を購入するために、より長時間働き、収入の増大を図ったのである。

しかし、この勤勉革命論も、あまり説得力があるものではない。ド・フリースに従うなら、労働時間の増加とは、市場での労働時間が長くなることを意味する。勤勉になるということは、市場での労働を増やすということであり、家庭内での労働は含まれていないのである（この点では、速水も同じである）。彼の主張に賛成するかどうかは別として、長期的には市場経済が発展していった以上、市場での人々の労働時間は増加する。彼の定義に従うなら、労働者が勤勉になるのは当然なのである。これは所詮、トートロジーであろう。

家事労働を含めた一人当たりの労働時間を計算する方法は、残念ながら存在しない。勤勉革命があったという証拠は、ないといってよかろう。

†勤勉革命論とは何だったのか

農村の労働者は、労働時間をタイムカードで管理されはしなかったので、どこまでが労働でどこまでが余暇であるのかは明確にはわからない。また、家事や炊事にきわめて多くの時間がかかった時代であるので、その労働時間は、こんにちよりもはるかに長かったはずである。しかし、速水もド・フリースも、これらの重要な問題を捨象している。

市場化が進むことで、あるいは工場制度が確立することで、労働時間とそうではない時間が明確に分離され、労働時間が「見える」ものとなっていった。ド・フリースの勤勉革命論は、そのことにより生じた労働と余暇の分離を当然の前提としている。だが、そもそもこの前提自体、問題視すべきではないか。

速水とド・フリースの勤勉革命論は、家庭内労働の重要性を理解していない。家庭外での労働について、あまりに大きなウエイトを置いている。

具体例をあげてみよう。戦後の日本においては、洗濯機の普及により、主婦の家庭内労働時間が大きく減少したと推測できる。そのために主婦がパートに出たとすれば、家庭ではなく市場で働くことになるが、果たしてその主婦は「勤勉になった」のだろうか。このような発想は、彼らの勤勉革命論からは、出てこないように思われる。

しかしその一方で、ド・フリースがいうように、市場労働の時間が増えたことはほぼ確実である。

この点に関係しているのが、ヨーロッパが他地域と違い、近世から近代にかけて経済成長を実現したのは、ヨーロッパ人が禁欲的になったからか、それとも欲望を解放したからかという議論である。

前者を主張する代表的人物として、ドイツの社会学者マックス・ヴェーバーがいる。彼の理論では、人々が神から救済されるかどうかは世俗で成功したかどうか、換言すれば労働によって利得をえることができたかどうかで判断でき、その証明をえるために人々は禁欲をして働いたのだと論じた。

それに対し、日本では川北稔が、欲望を満足させ、より良い生活を求めて働いたために勤勉になったと主張した。このどちらが正しいか、簡単には決められないが、ふつうに考えるなら、禁欲して消費がないなら、経済は成長しない。ヴェーバーの問題点は、彼の説に従うとするなら、ヨーロッパ人が勤勉になった理由は説明できるが、ヨーロッパの経済成長は説明できない点にある。

しかし、速水やド・フリース、さらにはヴェーバーと同様に川北も、「労働時間」のなかに「家庭内労働」を入れていないということもたしかである。勤勉になったというのは、人々が余暇よりも労働を選んだのではなく、家庭内労働の時間を減らして市場での労働に精を出したのだと考えるべきである。そして、市場で取引される商品を入手しようとしたのである。

†市場で取引される商品とは

では、市場ではどのような商品が取引されたのだろうか。

ヨーロッパ内部で生産される農作物、さらには国内の産品であれば、物々交換された可能性は高い。しかし、ヨーロッパ外からの商品は、物々交換されることはなく、市場で取引されたと考えるべきであろう。

市場が発展したということは、ヨーロッパ外からくる商品の購入こそが西欧の人々にとって重要になってきたことの表れだととらえるべきである。

ヨーロッパで市場経済が発展し、人々は、家庭内の労働時間を減らし、市場での労働時間を増やしていった。しかも、市場では、ヨーロッパ外世界からの商品（消費財）が取引されるようになった。したがって、ヨーロッパ外世界からの消費財の流入と、勤勉革命とは密接に関係していたと考えるべきなのである。

すなわち、ヨーロッパ史でいう勤勉革命とは、家庭内の労働時間を減少させ、市場向けの労働時間を増大させたことを意味する。労働者は、そうやってより多くの賃金を得た。そうして獲得した賃金で、人々はコーヒー、紅茶、砂糖、タバコなどのヨーロッパ外から流入する商品を市場で購入した。そのため、ヨーロッパ外から輸入した消費財がより多く出回る社会になっていった。

ヨーロッパ外世界からの産品の流入の増加が、一八〜一九世紀の西欧ではみられた。それは、農業社会から工業社会への移行期に生じた現象であり、その時期は工業化の時代とほぼ重なる。

しかし、そのために、本質的に機械化の大きな進展を意味する工業化（産業革命）と、消費社会の誕生を混同することになった。この二つの現象はたしかに連動していた。そのために人々は、工業化、消費社会の誕生、さらには勤勉革命の関係性を誤解したのである。ここでは、この三つの関係について、きちんと論じてみたい。

この三つは、おそらくつぎのような関係にあった。人々は家庭ではなく、市場での労働時間を増やし、その結果、おそらく可処分所得（個人が自由に処分できる所得）が増加した。そのため、マスマーケット（大衆の消費市場）が誕生し、消費社会が生まれた。そのあとで、工場労働が成立したのである。

重要なのは、工場制度ができ生産財を中心とする経済成長が発生したのではなく、消費財を消費することで経済が成長し、その後、工業化が発生したと推測されることである。

2 消費社会の誕生

†織物と砂糖の消費量の増大

消費社会は、ヨーロッパの歴史学界で長年にわたり研究されてきたテーマである。消費社会とは、単純にいえば消費財が溢れた社会である。たとえば現代社会は、まさにモノが溢れた社会である。そういった社会は、ヨーロッパにおいて、いつ、どのようにして、あるいはどの地域で誕生したのかということは、歴史家の関心の的であり続けている。この問題に関する研究はそれこそ無数にあり、どんな歴史家でも、そのすべてに精通することなど不可能である。

もっとも重要な消費財は、おそらく砂糖と織物であった。大まかにいうならば、現在の研究から判断するなら、この二つの消費財の増加の様相は、おそらく以下のようにまとめられよう。

ヨーロッパ人の生活水準を上昇させた主要な商品は砂糖であった。砂糖はカロリー数が高く、それにより、ヨーロッパ人のカロリー摂取量は大きく上昇した。当初は薬剤として導入された砂糖は、やがてコーヒーや紅茶に入れられ、食材として使用され、消費量を増大させていった。

砂糖は、新世界から輸入された。ヨーロッパ最大の砂糖輸入国の一つはフランスであり、同国は、砂糖のほとんどをアンティル諸島、とくにサン・ドマング（現ハイチ）から輸入していた。サン・ドマングの砂糖生産量は、一七一四年は七〇〇〇トンであったが、一七五〇年には四万トン、一七八九年には八万トンに達した。そのほとんどはボルドーに輸入され、そのうち約七〇パーセントはフランス外に輸出されたとされる。

一方、一七世紀から一八世紀にかけて、ヨーロッパ大陸、とくにシュレジエン（現在のポーランドとチェコの一部）で、リネンの生産量が大きく上昇した。それは、イギリスに輸出され、イギリス人が着る衣類になった。

またヨーロッパにはインドから手織りの綿織物（インド・キャラコ）が輸入され、それはイギリス、さらにはヨーロッパ大陸で消費された。そのためいくつかの国でインド・キャラコの輸入が禁止されたが、密輸量も多く、その実効力には大きな限界があった。

イギリスでは、インド・キャラコとシュレジエン産のリネンのあいだで激しい競争があり、イギリス人が着る外国製の織物はますます増加していった。その争いに終止符を打ったのが、産業革命であり、機械により生産された綿織物がイギリス、さらにはヨーロッパのマーケットを支配するようになったのである。

†砂糖の生産システム

あまり知られていないが、サトウキビの原産地は東南アジアであった。紀元前八〇〇年頃に東南アジアで生産されるようになった砂糖は、中世になると、地中海の島々で、黒人奴隷によって生産されるようになった。

そのシステムをヨーロッパ人は、ポルトガル領のマデイラ島、スペイン領のカナリア諸島などでも採用したが、島の規模が小さい以上、当然、砂糖の生産量は決して多くはなかった。砂糖の大量生産に成功したのは、ポルトガル領のブラジルであった。

ポルトガル人は、植民地となったそのブラジルで、西アフリカから連れてきた黒人奴隷

地図5　砂糖生産の拡大

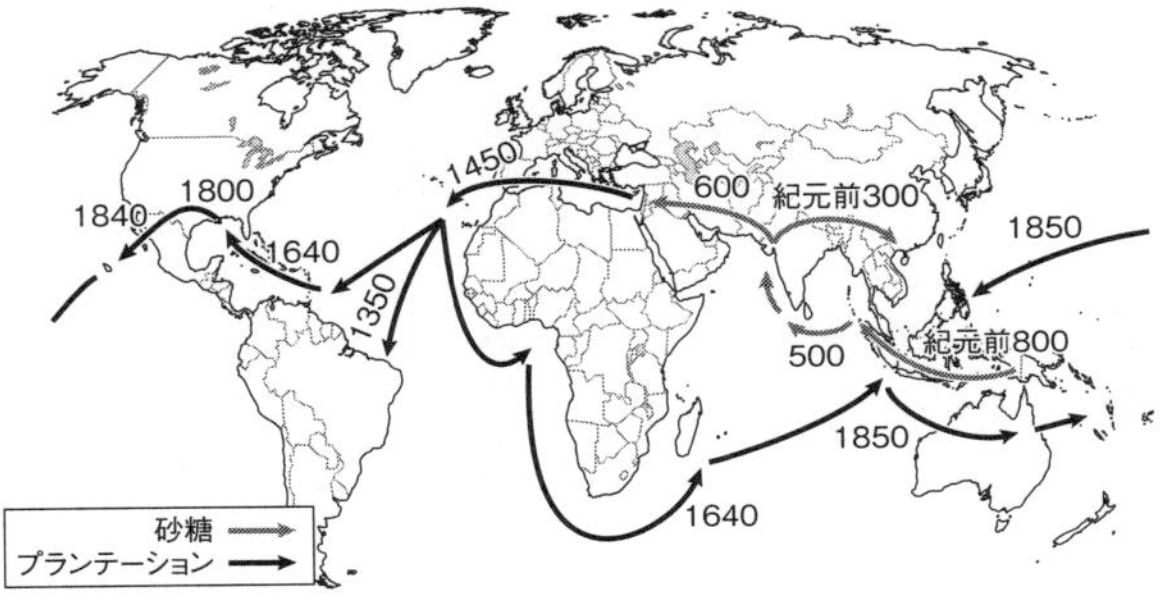

出典：Urmi Engineer, "Suger Revisited: Sweetness and the Environment in the Early Modern World", Anne Gerritsen and Giorgio Riello(eds.), *The Global Lives of Things: The Material Culture of Connections in the Early Modern World,* London and New York, 2016, p.200.

を労働力として用いてプランテーションでサトウキビを栽培することに成功したのである。黒人奴隷は、暑い気候に耐えることができるきわめて安価な労働力であった。

そのサトウキビの栽培方法を伝えたのは、イベリア半島を追放されたユダヤ人であるセファルディムだったとされる。ポルトガルに住んでいたセファルディムの一部は、より自由な土地を求めて、ブラジルに移住したのだ。

オランダの攻撃により、ブラジルの一部は一六四〇年代にオランダ領になった。そのためオランダ（おそらくアムステルダム）に移住していたセファルディムが、オランダ領となったブラジルに移住することになった。彼らは、イベリア半島からブラジルに渡ったセファルディムから、サトウキビの栽培方法を学んだと思われる。

ところが一六五四年にポルトガルが領土を回復すると、オランダから来たセファルディムは、カリブ海のオランダ領植民地に渡り、サトウキビの栽培を開始した。そしておそらく彼らは、カリブ海のイギリス・フランスの植民地にもサトウキビの栽培方法を伝授したと推測されているのである。

このように、中南米にサトウキビの栽培方法が伝わり、中南米地域では砂糖の生産量が大きく上昇した。歴史家はこの現象を、「砂糖革命」と名づけた。それを実現させたのは、現在の研究では、ほぼ間違いなくセファルディムであったと考えられているのである。

ここからわかるように、大西洋経済とは、おおむね、西アフリカから輸送された黒人奴隷がサトウキビを栽培するというシステムから成り立っていたのである。

さらにセファルディムはまた、カリブ海から北米・南米にかけて、共同体を形成し、ブラジルや、オランダ、イギリス、フランスのカリブ海植民地で奴隷を所有していた。彼らはしばしば、ジャマイカなどで、「ユダヤ人の奴隷所有者」と批判された。

†ヨーロッパの消費水準の上昇と収奪される黒人奴隷

黒人奴隷が大量に輸送されたのだから、西インド諸島では、黒人人口の増加がみられた。イギリス領のジャマイカでは、一七〇〇年から一七八九年のあいだに、黒人人口は六倍以上に増えた。フランス領のサン・ドマングでは、一六八六年の三四〇〇人から一七九一年の四八万人へと、一四〇倍以上になった。それは、ほぼすべて、サトウキビ（砂糖）生産の増加が要因であった。

しかし十分な栄養もとれずに絶え間ない労働を余儀なくされたため、黒人奴隷は短命に終わることが多かった。黒人の人口増は、本来あるべき数よりもずっと少なかった。たとえばイギリス領のバルバドスでは、一七〇〇年の奴隷人口は四万人であり、それから一〇〇年間に二六万三〇〇〇人の黒人奴隷を輸入したにもかかわらず、一八〇〇年の黒人人口はたった六万人にすぎなかったのである。このように死亡率が高かったことが、奴隷を絶えず輸入しなければならない最大の要因であった。

黒人奴隷は酷使された。また、彼らが奴隷船に乗せられているあいだの死亡率はきわめて高く、新世界で働いているときの平均寿命は短かった。

その奴隷がつくった砂糖で、ヨーロッパ人の生活水準は向上し、おそらく平均寿命の上昇にも貢献した。砂糖は高カロリー食品であり、貧しい生活を余儀なくされていたヨーロッパ人にとっては、重要な食料となった。砂糖の生産により、奴隷の寿命は短くなり、ヨーロッパ人の寿命は延びたのである。

さらに、多くの地域で奴隷制が廃止されていた一九世紀中頃になっても、砂糖生産で重要なキューバやブラジルでは、奴隷制が続けられたのだ。

†綿織物

ヨーロッパはアジアから香辛料を輸入していたが、ヨーロッパ最大の工業製品である毛織物は気候が温暖なアジアでは売れず、長年にわたり、ヨーロッパはアジアとの貿易で赤字を出していた。それを補塡するために、ヨーロッパはアジアに対して銀を輸出することを余儀なくされていた。

一七世紀後半には、すでに述べたように、インドから、手織りの綿製品であるキャラコがヨーロッパに大量に輸入された。この綿製品の価格はあまり高くはなく、肌触りが良いことから、ヨーロッパで大変な人気となった。P・J・トマスという歴史家によれば、キャラコは、ほとんどのヨーロッパ諸国に流入したのである。

それに対しイギリスは、機械生産をすることで輸入代替に成功し、綿製品をイギリス船で世界市場に輸出することができたのである。綿織物は何度でも洗濯ができ、通気性がよく、暑い地域でも寒い地域でも着ることができた。綿織物の販売により、ヨーロッパはアジアとの貿易収支を黒字にすることができたといわれる。

他のヨーロッパ諸国と同様イギリスも、新世界の植民地でアフリカ西岸から連れてきた奴隷を使って砂糖を生産していた。しかしイギリスはそればかりか、新世界の植民地（西インド諸島と北米南部）における綿花の生産にも成功した。もし新世界が綿花を生産していなかったとしたら、やがて綿製品をインドに売り、インドから清へアヘンを輸出して茶の代価とするという三角貿易をおこなうことはできなかったであろう。

†ヨーロッパ外世界との結びつき

ここで取り上げてきた消費財はすべて、ヨーロッパ外世界から来たものである。綿はイギリスで完成品となったが、綿花は新世界で栽培された。

ヨーロッパは高緯度に位置し、植生は貧しい。したがって本来熱帯地方のものである多くの消費財の原材料を、ヨーロッパ内で栽培することはできない。ヨーロッパは帝国化し、植民地をもたなければ消費財の入手は困難であった。

地図6は、コーヒーベルトを示す。コーヒーベルトとは、コーヒーの木を栽培している地域のことであり、ほぼ北緯二五度から南緯二五度のあいだに位置する。

現在、世界最大のコーヒー生産国はブラジルであり、第二位がベトナムである。また最大の砂糖生産国はブラジルで、第二位はインドである。さらに、茶の最大の生産国は中国である。

コーヒーだけではなく、砂糖もほぼこのコーヒーベルトに位置する地域で生産される。茶も、このベルト内で生産される量が多い。したがって、ヨーロッパ人はこのコーヒーベルトに位置する地域から、ヨーロッパの市場を通じて消費財を購入していたといってよいだろう。

この「市場」には、ブラックマーケットも含まれる。たとえばイギリスが扱う茶は、公式にはイギリス東インド会社が輸入した。しかし、茶にかかる関税は一七八四年までは一〇〇パーセントを超えるほど高く、多くの茶は密輸されていた。

高級茶は広州からフランスのブルターニュ地方経由で、低級茶は広州からスウェーデン東インド会社により、スウェーデン西南部のイェーテボリ経由でイギリスに密輸されたと考えられる。このようなブラックマーケットもまた、市場の機能をもつ。

地図６　コーヒーベルトと生産量上位20か国（2011年）

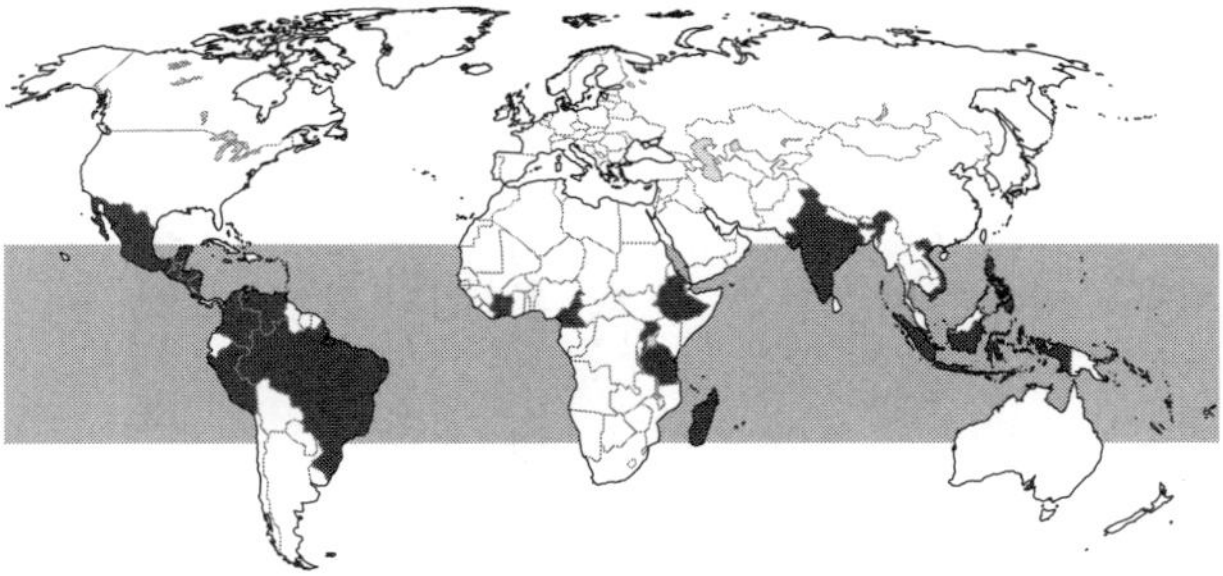

前述の通り、ブラックマーケットを含む市場での消費財購入のため、人々は市場での労働時間を増やした。そして、市場で働く時間こそが労働時間となり、そうでない時間は労働時間ではないとみなされるようになった。つまり労働時間とそれ以外の時間が明確に分離され、労働時間が「可視化」されるようになったのである。

こうして人々は家庭ではなく、市場で働くようになった。そして、最終的に工場で働く労働者が誕生した。工場の労働者が増えると、次節で述べるように、多くの労働問題が発生するようになった。

それがもっとも目立ったのは、最初の工業国家であるイギリスであった。そこで次に、イギリスで発生した労働問題についてみていきたい。

3　工場と労働制度

†工場労働者を生み出したイギリス

一六八八年の名誉革命以降一八一五年のウィーン条約に至るまで、イギリスとフランスは何度も戦争を戦い、そのほとんどすべてにイギリスが勝利した。そしてイギリスはヨーロッパの、やがては世界経済のヘゲモニー国家となった。

イギリスは対仏戦争をはじめとするいくつもの戦争を経験しながら、工業化の時代に突入していったのである。

フランスはイギリスの二〜四倍ほどの人口がいたのだから、対英戦争に勝利してもまったく不思議ではなかった。むしろ、勝利しなかったことが不思議である。しかもフランスは、イギリスのような形での工業化には成功しなかった。

その理由の一つとしてあげられるのが、両国の農業制度の相違である。英仏の比較経済史の専門家でもあるパトリック・オブライエンによれば、イギリスの農場の方がフランスよりも大きく、農民の数は少なく、農業の生産性は高かった。

一九世紀になっても、この傾向は続いた。一八一五年から一九一三年のイギリスとフランスの一人当たりの農民の生産性を比較すれば、イギリスが年間一パーセントの上昇であったのに対し、フランスは〇・二五パーセントの上昇にすぎなかった。イギリスの方が、農業の生産性は明らかに高かったのである。

したがってイギリスは、フランスよりも農民の比率が少なくてすんだ。農業に、余剰労働者が生まれたのである。彼らは、基本的には都市の工場労働者として雇用されるようになった。そのため、工業化が促進されることになったのだ。

これが、英仏の決定的な違いであった。

†イギリスにおける労働者階級の状態

このようにして、イギリスの農民は工場労働者になった。したがって工場労働者の意識は農民と当初はあまり変わらなかった。そもそも農民は、時間管理を上司から命令されることなどない。そのため、工場での規律を守ることはなかなかできなかった。また工場では、子どもの労働は当たり前であった。それを問題視したのは、フリードリヒ・エンゲルスの『イギリスにおける労働者階級の状態』である。

エンゲルスは、この本で、イギリスの工場で働く労働者がいかに悲惨な状況にあるのかを描いた。たとえば、次のような記述がある。

　機械の導入以前には、原料を紡いだり織ったりする仕事は労働者の家でおこなわれていた。妻と娘が糸を紡ぎ、夫がこれを織った。あるいはその家の主人が自分で織らないときには糸を売った。これら織布工の家族は、たいてい都市の近くの農村に住み、その賃金で十分に暮らすことができた。

（エンゲルス『イギリスにおける労働者階級の状態』上、浜林正夫訳、新日本出版社、二〇〇〇年、二二頁）

エンゲルスは、このような労働者が、機械の導入、すなわち工業化により、どれほど悲惨な状態に陥ったのかをルポルタージュした。都市の衛生状態は悪く、平均寿命は短くなり、給料は少なく、労働時間は非常に長く、工場労働者はきわめて貧しい生活を余儀なくされたというのだ。

労働者の衣服もやはり平均的に粗末であり、大部分はぼろぼろである。食事も一般に粗末で、しばしばほとんど食べられないようなものである。そして多くの場合、少なくとももときどきは量的にも不足しており、極端な場合には餓死することになる。

（同書、一二二頁）

プロレタリアの生活に関しては、エンゲルスはこういう。

しかし貧しさ以上にイギリスの労働者にもっと堕落的な影響をおよぼしているのは、社会的地位の不安定さ、賃金でその日暮らしの生活をしなければならないこと、ようするに、彼らをプ、ロ、レ、タ、リ、ア、にしていることである。（中略）プロレタリアは、両手以外になにもなく、昨日稼いだものを今日食べつくし、ありとあらゆる偶然に支配され、最低限の生活必需品を手にいれることができるという保証さえ、まったくない──恐慌がおこるたびに、雇主の気まぐれのたびに、彼は失業するかもしれない──プロレタリアは、およそ人間が考えうるかぎりの、もっとも腹だたしい、もっとも非人間的な状態におかれているのだ。

（同書、一七八頁、傍点は原文にあり）

さらに子どもの労働については、こう書いている。

九歳になると子どもは工場へ送られ、一三歳になるまで毎日六時間半（以前は八時間、もっと前は一二ないし一四時間、それどころか一六時間も）働き、一三歳から一八歳までは一二時間働く。

（同書、二二四頁）

エンゲルスはこのような状況において、子どもに発育障害が生じる可能性も示唆した。エンゲルスは、工業化以前の農民よりも工業化のさなかの工場労働者の方が生活水準が低いばかりか、労働時間が長いと考えている。また、農民の境遇も悪化したと主張する。しかし彼は、具体的な統計を示して、それを実証したわけではない。

ここでは、工場労働者に焦点を当てよう。工場制度の発展こそ、工業化の大きな特徴であったからである。

なるほど、工場労働者の労働環境はこんにちの目からは非常に劣悪であった。子どもたちも長時間労働を強いられていた。だが、工業化以前よりも、労働者が劣悪な状況におかれていたといえるのであろうか。

†子どもたちの労働環境は悪化したのか

このような疑問をもったのが、クラーク・ナーディネリである（クラーク・ナーディネリ、一九九八）。ナーディネリは、一八三五年には五万六〇〇〇人の一三歳未満の子どもがイギリスの織物工場で働いており、これは織物産業の労働力全体の約一六パーセントであったと認める。しかしその一方で、工場での子どもの雇用は、ランカシャーやヨークシャー、チェシャーなどの織物工業地帯に集中していたという。

そして、農業や奉公《サーヴィス》といった昔ながらの仕事には、工業化が新たに生み出した雇用以上に多くの子どもが従事していたと主張する。彼は、一般にみられる見解とは逆に、工業化により成立した工場制度は、子どもを親の搾取から免れさせたと考える。

工業化以前には、子どもは親の支配にまかせる以外の選択肢はなかった。家に住むということは――基本的には家庭内労働であるが――親にこき使われることを意味する。それ

図4　ウィリアム・ホガース「ジン横丁」

をナーディネリは、親による搾取だと定義した。工場制度によって、まだ一〇代のうちに、子どもは家を離れ、親による搾取から免れることができた。

ナーディネリは、工場制度により、子どもたちがたくさん働かされたということを否定したわけではない。彼によれば、工場労働は、家庭内労働やその他の仕事よりも特別過酷ではなかったということなのである。

また、より近年の研究では、ジェーン・ハンフリーズが、すでに中世から、子どもたちは、農業であれ手工業であれ、かなりの長時間労働をさせられていたという意見を述べている。

しかし農業労働は、工場での労働とは異なり、時間に強く拘束されるわけではなかった。農民は、工場労働者よりも自由に労働時間を選ぶことができた。したがって工場労働は、農業労働に慣れた人々に大きな苦痛をもたらしたのである。

図4は、イギリスの有名な版画家ウィリアム・ホガース（一六九七〜一七六四）の手になる有名な「ジン横丁」である。このように、酔っ払いの労働者は決して珍しくはなかった。しかしそれは、労働時間は企業のものだという意識が定着するとともに、少なくとも理念的には消えていったのである。

†可視化される労働

ナーディネリの主張が、どこまで正鵠《せいこく》を射ているのかはわからない。だが、ほぼ間違いないのは、工場労働は過酷であったが、それ以外の労働も少なくとも同程度に過酷であったということである。

エンゲルスは、工場制度によって、人々の生活は劣悪になったと断言した。彼の『イギリスにおける労働者階級の状態』が上梓されたのは一八四五年のことであった。工業化によってイギリス経済が農業経済から工業経済へと急速に転換したわけではなく、その転換は緩やかなものでしかなかった。この頃は、まだ工場労働者よりも農民の方が多かった。したがってエンゲルスのルポルタージュは、特殊な環境を扱ったものだといえる。

問題は、その特殊な環境が、農業よりも過酷であったかどうかということである。エンゲルスは、それを自明視しているが、ナーディネリがいうように、決して自明の事柄ではない。

労働時間というものは、じつは簡単には計算できない。タイムカードで算出されるのは、会社や工場で拘束されている時間である。それは、可視化可能である。だが、家庭内労働時間の可視化は困難であるし、農業労働時間の可視化も難しい。

子どものときから農業労働に従事するのは、現在でも多くの国で当たり前におこなわれている。おそらく、一九世紀中頃のイギリスも同じであったろう。

しかしエンゲルスは、工場制度が労働者にとって過酷であったことを強調したいあまり、農業労働の過酷さには目を向けなかった。

おそらく両親は、子どもを農場で働かせるのと同じような気分で工場労働をさせたのであろう。子どもの頃から働くというのは、当然のことであり、それが残酷な行為だと思われたのは、労働が工場制度によって可視化されたからである。

労働が可視化されることにより、一八三三年の工場法をはじめとして、成人男性さらには少年・女性の労働時間の短縮がはかられた。しかしそれは、可視化された労働時間の短縮であり、労働時間が可視化されない農業には、適用されることはなかった。

4　市場での労働の増加

†工業化により変わる社会

工業化については、すでに第二章で論じた。工業化が進展すると、それまで物々交換ですんでいたものも、市場で取引されるようになったばかりか、ヨーロッパ外世界の商品は、市場で取引されるようになったと考えられる。

工業化は、急速に世の中を変えたわけではなかったが、農村の面積が減少し、工場の占める面積が増え、都市化が進んだ。

都市化は、近代化のメルクマールとされる。すでに近世において、ヨーロッパでは都市化が進んでいた。そして、一九世紀にさらに進んだ。経済史家ポール・ベロックによれば、五〇〇〇人以上の人々が住む集落を都市と定義づけた場合、ヨーロッパで都市に住む人々の比率は、一八〇〇年に一二・一パーセント、一八五〇年に一八・九パーセント、一八八〇年に二九・三パーセント、一九〇〇年に三七・九パーセント、一九一〇年に四〇・八パーセントになった。

農業の生産性が高くなると、農業部門で余剰労働者が生まれる。余剰労働者は、工場で働くことができる。これが、農村から都市への労働力移動の大きな原因であり、都市化が進んだ大きな理由であった。

都市化は、鉄道の発展によっても促進された。労働者が、都市に移動することが容易になったからである。ヨーロッパ全体を見渡すなら、差異は大きかったが、おおむねこのような変化がみられたのである。

いうまでもなく、都市労働者は、工場労働者ばかりだったわけではない。しかし工場労働者に代表される都市労働者の労働は「可視化」することができた。労働時間とそうではない時間を、明確に分離することが可能だったのである。

労働時間に含まれない時間の一部は余暇になった。余暇の時間は、マーケット活動に組み込まれた。すなわち余暇の増加は市場経済の発展の一部となったのだ（詳しくは次章）。

†イギリスの女性労働者

図5　15-24歳の女性の産業部門別の労働比率

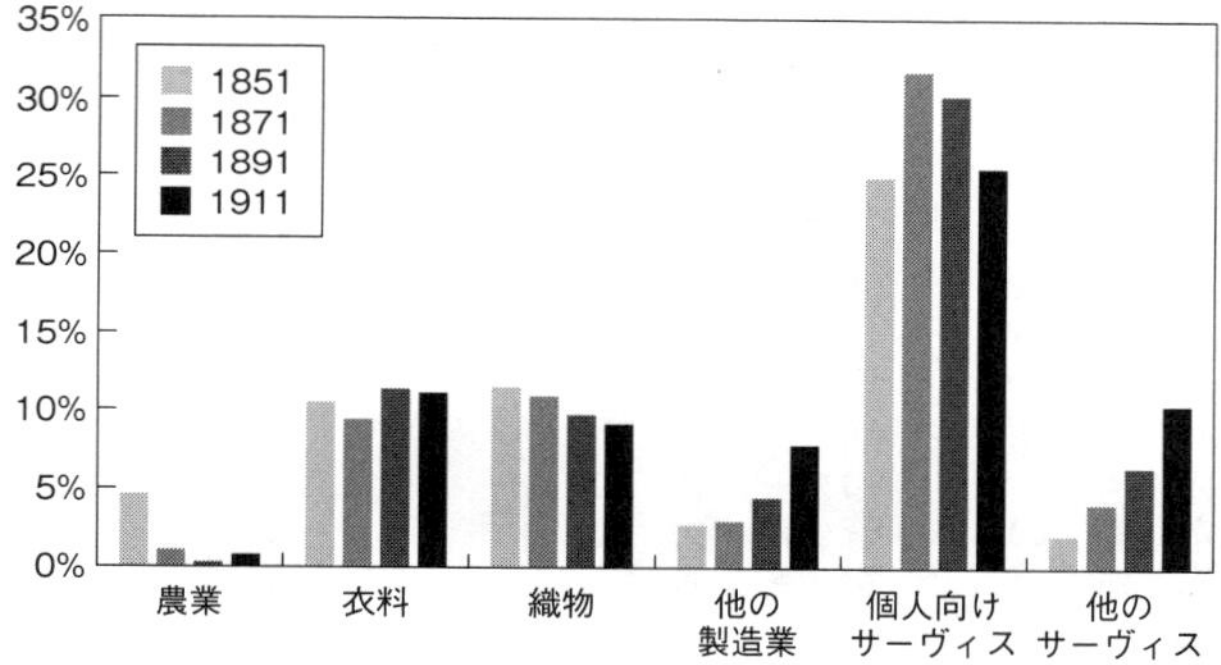

出　典：Ellen Jordan, *The Women's Movement and Women's Employment in Nineteenth Century Britain*, London and New York, 1999, p.76, Figure 4.1.

一九世紀における女性労働者の進出は、都市化の進展という文脈でみていかなければならない。農業社会では、女性も重要な労働力である。だが、都市化が進むにつれ、女性たちは市場での労働に従事していくことになった。女性がつく職業は大きく変化したのだ。

一八五一年のセンサス（人口調査）では、一五歳から二四歳の女性の職業のうち五六・五パーセントが記録されており、中流階級と呼ばれるにふさわしい職業は、そのうち八・九パーセントしかない。そのうち七パーセントが仕立屋であり、一パーセントが教師であった。

それ以降、大きな変化が訪れた。中流階級の女性の職業としては、医師、看護婦、薬剤師、公立学校の教師、図書館員、官吏、速記タイピスト、書記、ヘアドレッサー、小売店店員などがあった。このように、女性の労働形態は多様になったのだ。

図5は、一五～二四歳の女性が就いた職業を示す。ここから、個人向けサーヴィスに属している女性の比率が高いことがわかる。

†ガヴァネスの世界

個人向けサーヴィスに属する代表的職業に、ガヴァネス（住み込みの家庭教師）がある。ガヴァネスは、中流階級の女性が働いてもよい（軽蔑されない）数少ない職業であった。

この分野の専門家として名高い川本静子による『ガヴァネス（女家庭教師）――ヴィクトリア時代の〈余った女〉たち』（中公新書）によれば、一九世紀中頃のイギリスで、ガヴァネスといえば、生活の資をえるために教師として働くレディであった。ガヴァネスの数は、一八五一年のセンサスでは二万一〇〇〇人、一八六五年のセンサスでは二万五〇〇〇人であった。ガヴァネスの給料は高くはなく、ハウスキーパー程度であった。

ガヴァネスは、そもそも教師としての訓練を受けてはいなかった。さらに、子どもたちの衣類の繕《つくろ》いをしなければならないことも多かった。したがって、家庭教師兼女中といっても過言ではない地位にあった。しかし重要なのは、彼女たちが社会的には曲がりなりにもレディとして位置づけられ、ガヴァネスがそのようにみなされる数少ない職業であったことである。これは階級社会のイギリスでは、重要なことであった。

一八四八年から五三年にかけ、女子中等教育機関が新設されると、ガヴァネスの基準は上がり、基準に満たない者たちは国内ではガヴァネスになることが難しくなった。

そのため、一八六〇年代には、植民地であるオーストラリアやニュージーランドでガヴァネスとして働く女性たちが出てきた。彼女たちは、イギリス本国では、ガヴァネスになれない人々であった。イギリスでは帆船の時代は終わりを迎えつつあり、蒸気船がオーストラリアやニュージーランドにまで向かうようになっていた。

本国で食いつめた人々が植民地に行くということは、一八世紀の北米植民地にはすでによくみられていた。また一九世紀には、インドに渡って巨額の富をえて帰国したネイボッブと呼ばれる人々もいた。そして女性労働者の代表ともいえるガヴァネスは、オーストラリアとニュージーランドに渡ったのである。

†彼らは本当に働きたかったのか

本章の冒頭で、イギリス社会は一八世紀後半になると、反転労働供給の世界から脱して、賃金が上昇しても労働時間は減少せず、より多くの賃金を求めて働く社会が誕生したと述べた。そしてイギリスについで、ヨーロッパ大陸諸国が反転労働供給から離脱した世界となっていった。

しかし、労働者は本当に進んで働いていたのだろうか。

じつは、私にはそうとは思われないのである。その事例を示すのは、イギリスの作家チャールズ・ディケンズ（一八一二～七〇）の小説である。

周知のようにディケンズは、大衆小説家として知られる。もとより、ここでいう「大衆」は、こんにちと比較すると知的水準が高い人々であった。だが、ディケンズは大衆の多くを占める労働者階級に好まれた作家でもあるので、ディケンズの作品を通して、労働者階級の労働意識がある程度判明すると期待されよう。

ここで出発点となるのは、ジョージ・オーウェル（一九〇三～五〇）のディケンズ論である（ジョージ・オーウェル、一九八二）。

オーウェルによれば、イギリスではプロレタリアートにあたる労働者階級はたくさん小説に登場するが、ディケンズの小説にはそういう人々は出てこない。ディケンズの物語の中心となっているのは、中産（中流）階級の人々である。

ディケンズは、主人公が労働している場面はあまり書かない。主人公の仕事が何であるのか、わからないことも稀ではない。物語の中心に、労働は出てこない。主人公はある仕事につくと、それに成功し、いつの間にやら金持ちになる。ディケンズの小説の中の労働者は、労働そのものには興味がなく、あくまで主人公が成功し、不労所得で生きていけるようになることに興味を抱いていたのであろう。

ディケンズのサクセスストーリーは、ジェントルマン資本主義の考え方とも一致しているのである。

†ジェントルマン資本主義の世界とディケンズ

第二章で述べたように、イギリスはジェントルマン資本主義の国であり、一九世紀においては、製造業ではなく、金融利害関係者が経済の中核的存在となった。彼らは、不労所得によって生活していた。あるいは、少なくともそうなる可能性を秘めた人々であった。

イギリスはたしかに世界最初の工業国家であった。しかし、イギリスの資本主義の本質はそこにはなかったというのが、ジェントルマン資本主義論を唱えたピーター・ケインとアンソニー・ホプキンズの考えである。

彼らによれば、むしろ金融こそイギリスの資本主義の本質を示すのである。金融に手を染めることで巨額の利益を獲得し、不労所得によって生活することを人々は夢見た。実際、一九世紀イギリスの金融は明らかに他国を上回るものであったし、現在もなお、ロンドンの金融街であるシティは、世界の金融において欠くことができない役割を果たしている。

ディケンズが労働の現場を書かなかった理由は、このようなことを考慮に入れると、理解できよう。彼にとっては、ジェントルマンの生活こそ、理想だったのであろう。そして大衆自身も、ジェントルマンのライフスタイルに憧れがあった。この点において、イギリス社会には凝集性があったのだ。

やがて不労所得で生活できると考えたからこそ、一生懸命働き、貯金をし、土地を購入し、債券を購入し、その利子（の少なくとも一部）を生活の糧にしようとした。このような生活のあり方は、ある職業につくことそれ自体を喜びとする生き方とは大きく違っている。そのことを示しているのが、ディケンズの物語の主人公だといえよう。「労働しなくてすむ」人々こそ、イギリス人の理想であった。読者は、ディケンズの小説に自己の理想を投影したのだ。

†工業化による長時間労働の世界へ

本章では、労働が「可視化」されたことを重要視した。家庭内労働を含めた労働時間が増加したかどうかはわからないが、市場向けの労働時間が増加したという可能性が高いと主張した。

人々は家庭内ではなく、市場での労働を選択した。それは、西欧経済、さらには世界経済にとって大きな意味をもった。もし人々が市場での労働ではなく家庭内労働を選んでいたならば、市場は発展せず、近世から近代、さらには現代にかけての経済成長はなかったと考えられるからである。

市場での取引が大幅に増えた商品だと推測されるのは、ヨーロッパ外からの砂糖、コーヒー、茶などの消費財であった。これらの消費財を購入するために労働時間を増加させた西欧の人々は、やがて来る工業化による長時間労働——市場で取引される財のための労働——に耐えられるメンタリティをもつことになったであろう。

第四章
余暇の誕生

エジプトのスフィンクス（1895～1905年頃、アムステルダム国立美術館蔵）

余暇とは富の象徴である。多くの人々が余暇をもてる世界とは、多くの人々の富が増加した社会のことである。一九世紀のヨーロッパで、そういう社会が誕生した。

余暇とは労働以外の時間で、自分で自由にできる時間のことである。そのような余暇も、市場経済の発展と連動していた。すなわち、ツーリズムが生まれ、人々はツアー会社が企画したツアーに参加し、汽車や船に乗って、ヨーロッパの他地域、さらにはヨーロッパの外の世界へ出かけていったのだ。

とくにヨーロッパ外世界へのツアーは、ヨーロッパの帝国主義的拡張とパラレルな形で生じた。ヨーロッパ人の余暇の使い方でさえ、帝国主義と大きく関係していたのである。

またツアーで海を渡るようになると、人々のあいだから、海が恐ろしいものだという意識は消えていった。海が、蒸気船の発達により以前よりも事故率が低くなり、より安全なものになっていたからだ。

1　余暇の意味

†余暇とは何か

工場労働によって労働が可視化され、労働者は、勤務時間を企業によって決められることになった。おそらくその影響を強く受け、商店や食堂における労働でも、勤務時間が決められるようになった。勤務時間とは、労働者が企業の意思にそった行動を余儀なくされる時間である。そこに、労働者の裁量はほとんどない。

逆にいえば、勤務時間以外は「自由時間」ということになり、上司の指図は受けなくてすむ。そして自由時間のなかで、睡眠や食事など、生活のために必要とされることに使う以外の時間が生まれてきた。それが、「余暇」と呼ばれるようになった。人は、工業化によって「労働」を発見したと同時に、「余暇」を創出したのである。

すでにオランダの歴史家ホイジンガがいったように、人間は本来「ホモ・ルーデンス」、すなわち遊戯人であり、労働ではなく「遊ぶ」行為こそが、人間的な営みだととらえることも可能なのである。ただし「余暇」とは、単に「遊戯」のための時間ではない。たとえば現在でも、余暇を使って勉強する人もいれば、それをレジャーやレクリエーションのために使う人もいる。

さらにホイジンガは、「ホモ・ファーベル（つくる人）」といういい方をした。これは、人間とは何かを「つくる」人だということである。日曜大工などでモノをつくる人こそ、「ホモ・ファーベル」であり、そのために余暇を利用する人も多い。

十九世紀初頭には、労働時間は未だ、連続した直線的な時間ではなかった。ライン河沿岸の労働者や職人は、仕事をしながら酒を飲み、たばこを喫い、雑談をした。パリの建築業者は定期的にビールを飲みに行った。リモージュの磁器工は見習いに、酒や食料を買いに行かせている。この世紀のもっとあとになると、カルモーの鉱夫は、時期がよしと思えば、深い地底の仕事場を離れて干草を作りに行ったり、自分の土地の作物の収穫に行ったりした。フランスでは、月曜日に仕事を休むこと――いわゆる「聖月曜日」――が堅固に根をおろした習慣となっている。イギリスでは、伝統的に市の立つ日である聖なる月曜日（Saint Monday）を尊重する習慣は、土曜日の半日休日制ができるまで消えなかった。

（アラン・コルバン編著『レジャーの誕生』渡辺響子訳、藤原書店、二〇〇〇年、一四頁）

このように、労働時間内はそれ以外のことをしてはいけないということは——これは現在も必ずしも守られていないが——なかなか根づかなかった。だが、労働時間と余暇は徐々に分離していった。

†余暇時間の増加

余暇は、貧しい社会では生まれない。余暇を享受するためには、所得水準がある程度高くなければならない。したがって、地域による差異はあったし、すべての人が豊かになったわけではないにせよ、西欧で多くの人々が余暇をもつようになったのは、工業化により人々の所得水準が上昇した結果であった。もちろん、被植民地人は、その恩恵にあずかれなかった。

余暇の誕生を容易にした要因として、蒸気船と鉄道の発達がある。人々は、より遠くに、比較的簡単に行けるようになった。そこでは、明らかに日常生活とは違う世界が待っていたのである。

ここでは、余暇のすごし方としてツーリズムを取り上げる。なぜなら遠隔地に行くという行為は、世界の一体化と密接に結びついているからである。

ツーリズムは、労働時間の減少により、余暇時間が増加したために実現した。

イギリスでは一八三三年の工場法で、絹とレースを除く繊維工場で、九歳未満の子どもの雇用を禁止し、九歳から一三歳までの子どもの一日当たりの労働時間を九時間以下に、一四歳から一八歳までの子どもの場合には一二時間以下に制限し、勤務時間を朝の五時三〇分から夜の八時三〇分までと決めた。

これをきっかけとして、一八四四年の工場法、一八四七年の十時間法などにより、労働時間——とくに子どもの——を削減した。さらに一八五〇年の労働法では、土曜日の半日制が繊維産業に適用されたばかりか、土曜日には午後二時に操業を停止することが義務づけられた。土曜日の半日制は、一八六七年にすべての工場に適用された。

一八七一年にバンク・ホリデー法が実施され、年に合計四日間のバンク・ホリデー（銀行休日）が決められた。このようにして、労働者は少しずつ余暇時間をもつことになったのである。

労働が可視化され、非労働時間が明確な形をとって現れるようになった。しかしその一方で、非労働時間の一部を余暇として利用する理由は明確ではない。

そもそも余暇というものがあるとすれば、それは上流階級にのみ許されるものであった。しかし、工業化によって、長期的には人々の生活水準は上昇した（短期的には下がったのではないかという研究もある）。とすれば、多くの階級ないし階層で余暇がもてるようになった。そして、余暇をもつということは、自分たちのステイタスが上昇するという意識につながった。

†「見せびらかしのための消費」

このような観点からまず参照すべき文献として、ソースタイン・ヴェブレン（一八五七〜一九二九）の『有閑階級の理論』（ちくま学芸文庫）がある。とくに彼の「見せびらかしのための消費」（conspicuous consumption　翻訳では衒示《げんじ》的消費ないし衒示的浪費）は、この文脈においてはきわめて重要である。

ヴェブレンによれば、「閑暇《かんか》」とは、怠惰や無為ではない。時間の非生産的な消費をいう。第一に生産的労働は卑しいという考えから、第二に、怠惰な生活を送れるだけの財力があることを誇示するために、時間は非生産的に費やされるのである。

†「見せびらかしのための消費」の広がり

ヴェブレンの議論に従うなら、「見せびらかしのための消費」ができるのは、有閑階級だけの特徴である。ところが、経済が成長すると、上流階級以外の人たちの生活水準も上昇し、自分たちが有閑階級であると（現実がどうかは別として）示そうとする。それが、人間の性《さが》である。

このとき、ヨーロッパ外世界からの消費財が大きな役割を果たした。たとえば中国からの陶器、茶、インドからの綿織物、ブラジルからのコーヒーは当初は基本的には奢侈《しゃし》品であり、それらを使用することは、自分たちのステイタスの高さを示した。

しかし、ほとんどすべての商品がそうであるように、その価値は低下する。茶やインド製の綿織物であるキャラコは、やがてたくさんの人が購入するものになった。またコーヒーは、コーヒー・ハウスなどを通じて購入され、大衆の消費財となっていった。

消費者は、「見せびらかしのための消費」で、非生産的な財の消費のために時間を使えるだけの余裕があるということを示そうとした。自分たちは、豊かな人間だと証明しようとしたのだ。それは、可処分所得が上昇したからこそ可能になった。労働者は、上流階級の人々と同じことをしようとした。しかし、彼らが余暇を獲得したときには、余暇は稀少財（人々が欲するよりも数が少ない財）ではなくなっていた。西欧では、そのようにして余暇の習慣が広まっていたのである。

すでに述べたように、一九世紀の世界を縮めたのは、蒸気船と鉄道であった。したがって本章においても、この二つと関係のある余暇を取り上げ、世界の一体化と余暇がどのように関係していたのかを示したい。

それゆえ次に、ツーリズムについて論じることにしたい。ツアーに参加できること自体が、豊かさの現れであり、「見せびらかしの消費」そのものであったと思われるのである。

なお、ツアーの定義については、「定住地を拠点として、海浜リゾート地などの定住地以外の場所を訪れたり、一定期間その地に滞在したりしたのちに、再び定住地に戻るという社会行動に対して、tourという単語が与えられた。この社会行動の主体たる個人にはtouristという名称が与えられた」（佐竹真一「ツーリズムと観光の定義――その語源的考察、および、初期の使用例から得られる教訓」『大阪観光大学紀要』開学10周年記念号、二〇一〇年、九〇頁）という定義をそのまま使用する。

2　ツーリズムの発展

†鉄道の役割

鉄道が出現する以前には、旅は高くつき、場合によっては危険なこともあった。したがって、時間を気にせずに長距離の旅行ができたのは、上流階級の人々にかぎられていた。そもそも農民であれば、なかなか余暇はもてなかった。

鉄道ができたことで、旅行のためのコストは急速に低下し、通常の労働者も、旅行することができるようになった。この点でもっとも重要な街は、イギリスではブライトンであった。さらに、イギリス南部のヘースティングス、ラムズゲート、マーゲート、東部のスカーボロー、ウィットビー、西部のサウスポートはそれに次いで重要な街になった。

ごく僅かな出費で、人々は遠くまで出かけることができるようになった。たとえばロンドンからレスターへの旅行は日帰りですんだばかりか、夕食は自宅でとることが可能になった。鉄道は、イギリス諸都市の実質的距離を縮めたのである。
このように、イギリスで余暇が誕生し、余暇のかなりの部分をレジャーのために費やす人々が出現した。イギリスが最初の工業国家であり、最初に鉄道網を発展させたのだから、それは当然であろう。また、それを利用しようとした人が現れるのも当たり前である。その代表的人物に、トーマス・クック（一八〇八～九二）がいた。彼は、ツーリズムの開拓者であった。

地図7　イギリス地図

†トーマス・クックとイギリスのツーリズム

クック以前にも、イギリスにはグランドツアーとして知られる裕福な家庭の子息の大規模な海外旅行があった。だがクックは、旅行を大衆化した。それは当然、イギリス人の可処分所得の上昇と、鉄道、蒸気船の発展があったからこそ可能になった。ピアーズ・ブレンドンによれば、それは、禁酒運動とも結びついていた（ピアーズ・ブレンドン、一九九五）。放っておくと飲酒で自堕落な生活を送ってしまうかもしれない人々を、禁酒大会へのツアーに参加させたからである。クックは、宗教的信念をもった絶対禁酒主義者だったからである。

クックがツアーを最初に計画したのは、一八四一年七月のことであった。イギリスのレスターで一一マイルのツアーをおこなったのである。一八四五年には、レスター――リヴァプール間のツアーをおこなった。彼はこのとき、自分の企画を鉄道会社四社に提示し、一等往復一四シリング、二等往復一〇シリングで交渉し、クック自身は五パーセントの手数料を稼いだ。しかも、三五〇人強のツアー客を集めたのである。

クックが次に考えたのは、イングランド内にとどまらず、スコットランドに行くことであった。翌年の一八四六年、スコットランドへのツアーを実施した。

レスターからマンチェスターに比較的近いフリートウッドまで汽車で移動し、そこからスコットランド南西部のアードロッサンまでは蒸気船に乗り、そこからは再び汽車に乗り、グラスゴーとエジンバラまで行ったのである。ただし、この旅はオーバーブッキングがあったり、食事がまずかったり、禁酒主義を貫こうとしたので、評判は悪かった。

しかしクックはそれから立ち直り、一八四九年には、二組のツアーを組み、合計一〇〇〇人のツアー客を北ウェールズ、マン島、さらにはアイルランドに案内したのである。一八五一年には、万国博覧会のさなか、ロンドンのハイドパークに、ヨークシャーとミドランドから一五万人以上の人々を連れていった。そのなかには、レスター、ダービー、ノッティンガムからの三〇〇〇人ほどの子どもたちも含まれていた。トーマス・クックは、六〇〇万人に達する全入場者の三パーセント弱を、ミドランドからロンドンに送り込んだという説もある。クックは、万国博覧会成功の立役者の一人であったといって、過言ではあるまい。

図6　トーマス・クック

この万国博覧会によって、人々は余暇を使ううえでの鉄道の重要性に気づいたといわれる。鉄道がもたらした衝撃の大きさのために、一九世紀中頃は、余暇のターニングポイントとなっ

た。万国博覧会のおかげで、人々は長距離を移動することを意識するようになり、ツーリズムに興味をもつようになったのである。

一八六〇年までに、クックは六万人のツアー客をスコットランドに送った。しかし一八六二年になると、スコットランドの鉄道会社は、今後クックに、それまでは発行していた割引切符を発行しないと通告した。そのため彼は、ヨーロッパ大陸に目を向けた。

トーマス・クックの影響もあり、人々が余暇のために鉄道を使うことが増えていった。たとえば一九世紀末には、毎日曜日に、巡業劇団のために一四二もの特別列車を仕立てた。競馬が国民的スポーツになったのも、鉄道のおかげであった。

†トーマス・クックとヨーロッパ大陸のツーリズム

トーマス・クックが最初の海外へのツアーをおこなったのは、一八五五年のことであった。このとき、彼は二組をエセックスのハリッジからブリュッセル、ケルン、フランクフルト、ストラスブール、そして万国博覧会が開かれていたパリに連れていった。

ヴィクトリア朝（一八三七～一九〇一）になると、アルプスがイギリス人にとって魅力的な場所になった。イギリスの登山家エドワード・ウィンパー（一八四〇～一九一一）は、一八六五年にマッターホルンへの登頂に成功し、アルプスは、イギリス人にとってより身近な存在になっていった。

スコットランドから追い出されていたこともあり、クックは、一八六二年、六二人の人々をパリ経由でスイスまで連れていった。

一八六三年には、二〇〇〇人のツアー客をパリに連れていき、そのうち五〇〇人は、さらにスイスに旅行をした。パリ、リヨン、地中海の鉄道と提携し、クックはパリ―アルプス間の周遊券を発行した。ついで、スイス周遊旅行を企画し、それが大成功を収めたので、今度はアルプス一周のツアーを組んだ。一八六四年には、最初のイタリアツアーをおこなった。

クックが成功したのは、サセックス（イギリス）のニューヘイヴン→ディエップ（蒸気船）→パリというルートを使って、大量のツアー客をイギリスからヨーロッパ大陸に送ることができたからである。一八六三年からの五年間で、七万人のツアー客をヨーロッパ大陸に送り込んだとされる。

†トーマス・クックと中東のツーリズム――イギリス帝国との関係

一九世紀になると、中東はヨーロッパの政治的支配下におかれるようになった。アフリカ大陸のアルジェリアやエジプト、さらにはヨーロッパの実質的支配は、パレスチナ、イラク、レバノン、シリアにまでおよんだ。むろん、中東で最大の力を行使することができたのは、イギリスであった。このようなことを背景として、トーマス・クックは、ツアーを中東にまで広げていった。それは、主として富裕者のためのツアーであった。そしてその動きは、イギリスの帝国主義の後追いをしていた。

クックは、一八七一年、息子のジョンとともに、旅行会社であるトーマス・クック&サンをつくった。

一八六〇年代終わり頃までに、トーマス・クックの会社は、パイオニア的な旅行業社であるという評判を確立していた。同社は、重要な新聞、雑誌で取り上げられただけではなく、チャールズ・ディケンズやアンソニー・トロロープなど、当時の有名な小説家も取り上げるような会社になっていた。

トーマス・クックは、一八六九年、パレスチナ・シリアへの最初のグランドツアーをおこなった。それは、非常に困難な旅であった。言葉が簡単には通じなかったばかりか、有能な通訳を見つけることも難しかった。とはいえ、結果として、この旅行はあまり大した失敗もなく、成功だと思われた。

クックは、さらに新しい企画を考案した。ロンドンからエジプトのアレクサンドリアまで行ける連絡切符を発行したのだ。そして、その旅行日数を七日間に短縮し、一等車での料金を二〇ポンドにすると宣言した。それ以前の二回の同種の旅行は、一人あたり五〇〇ポンドもかかっていたのである。

トーマス・クック&サンによって、エジプトはイギリス人にとって非常に身近な地域となった。イギリスはエジプトを軍事的に占領していたが、トーマス・クック&サンは、当時「平和な事業」に従事しているといっていた。実際には、他のヨーロッパ諸国と同様、イギリスの会社は、本国政府のおかげで、中東での旅行で特権があり、危険を免れることができた。

さらに、エジプト総督と政府からの保護と特恵的待遇によって、トーマス・クック&サンはツアーを、安全かつ快適におこなうことができた。また一八七二年には、エジプトのイスマイル総督が、トーマス・クック&サンに中東事務所を開設することを正式に許可し

図7　ローズの3C政策の風刺画

た。

エジプトはこの当時、外国に対して巨額の負債があった。それを返済するためにも、ヨーロッパ人がエジプトを訪れ、多くの金を消費することが必要とされた。トーマス・クック&サンがエジプトで事業を拡張することができた背景には、このような事実が横たわっていたのである。ヨーロッパからの旅行客のため、エジプトでは、ホテルやペンション、教会、レストラン、銀行がつくられた。旅行客は、エジプトにはヨーロッパから蒸気船で訪れ、エジプトでは鉄道を使った。

やがて鉄道は、ナイル川を航行する帆船にとって代わられた。カイロ—アスワン間のツアーが組織された。さらにクックは、パレスチナまでその事業を拡大した。

じつはこのようなトーマス・クック&サンのツアー計画は、イギリスの帝国政策と表裏一体の関係にあった。イギリスは周知のようにケープタウン—カイロ—カルカッタ（コーリコード）を鉄道で結ぶ3C政策をとった。トーマス・クック&サンは、すでにあったカイロに加え、一八八〇年代から、カルカッタ、ボンベイ、ケープタウンに事務所をおくようになった。

図7は風刺誌 *Punch* に掲載された風刺画であり、カイロからケープタウンまでを占領しようという、イギリス帝国主義の意図を示している。それには、鉄道が不可欠であった。イギリス人は、鉄道に乗ってイギリス帝国領を旅したので、その余暇は、イギリス帝国の発展と大きく結びついていたといえる。ビアーズ・ブレンドンの表現を借りれば、トーマス・クック&サンは、帝国のトラベル・エージェントであったのである。

†『八十日間世界一周』

蒸気船と鉄道の発展により、世界は大きく縮まった。そのため、世界一周も可能になったほどである。一六世紀のマゼラン隊は、世界一周に三年間もかかったが、一九世紀後半になると、その時間ははるかに短縮された。それを扱った小説が、フランス人の作家ジュール・ヴェルヌによる『八十日間世界一周』である。

一八七二年一〇月二日のこと、それまで久しくロンドンから出たことがなかったフィリアス・フォッグ卿が、突如として八十日間で世界一周をしようと考えた（ジュール・ヴェルヌ、一九七六)。
その旅程の予定は、次の通りであった。

ロンドンからスエズまで、モン・スニ峠(フランスのサヴォワ県にあるアルプス山脈の峠)およびブリンディジ(イタリア)経由。鉄道ならびに郵船で……七日
スエズからボンベイまで、郵船で……一三日
ボンベイからカルカッタまで、鉄道で……三日
カルカッタからホンコンまで、郵船で……一三日
ホンコンから横浜まで、郵船で……六日
横浜からサンフランシスコまで、郵船で……二二日
サンフランシスコから、ニューヨークまで、鉄道で……七日
ニューヨークからロンドンまで、郵船および鉄道で……九日

『八十日間世界一周』は、イギリス帝国の蒸気船と鉄道によって、世界が一つになったことを表した本でもある。そして郵船が発展していることも示しており(郵船には人間も乗

地図8　「八十日間世界一周」のルート

った）、郵便が世界各地に送られていたことが想像される。

しかしまた、この作品からは、蒸気船も鉄道もどちらも、必ずしも定時に運行するとはかぎらなかったこともわかる。移動には、予見し難いことが多かった。そして、通信手段として、電信がよく使われるようになったこともわかる。

このように、『八十日間世界一周』は、当時のツーリズムの隆盛と、それを支えた技術の発展がよくわかる作品である。「たった八十日間で世界は一周できる」と、その当時人々が味わっただろう驚きが、このヴェルヌの作品からはよく感じることができる。

3　海を渡るということ

†恐ろしい海

『八十日間世界一周』では、アジアの海で船が嵐に襲われる。それは、たしかに大きな恐怖を乗客に与えた。だが実際に海は、もはやかつてほど恐ろしいものではなくなっていた。ヨーロッパは、海上ルートでヨーロッパ外世界に進出することで、ヨーロッパはもとより世界全体を大きく変えた。

デヴィド・カービーとメルヤ-リーサ・ヒンカネンが論じたように、海は元来人間にとって手に負えない巨大な力をもつ存在であった。だが一九世紀になると、蒸気船の発展もあり、海は人間にとってより身近なものとなっていった。

海がいかに恐ろしい存在であったかについては、次に引用するアラン・コルバンの文章が参考になろう。

四つの風がかまびすしく戦いをくりひろげるなか、船乗りたちが喚きたて、船の綱具がきしみ、高波が音をたててくずお《ママ》れ、雷鳴が轟き、場面に音響の花を添える。砂と泥をたっぷりかかえこんだ泡だつ海が雄大な山のように盛りあがり、淵の底の地肌が海水の覆いをはぎとられて剝きだしになる。押し寄せる波が船体にぶつかり、船の外装はずたずたにひき裂かれる。暗闇のふところをぎざぎざした稲妻が走り、眼を射るように激しく降りしきる雨が天の決潰を告げる。つぎの大波が押し寄せるとなれば、凄まじさもここにきわまる。

（アラン・コルバン『浜辺の誕生——海と人間の系譜学』福井和美訳、藤原書店、一九九二年、四四頁）

このように恐ろしい海が、やがて親しみのもてる海へと変貌する。人々の海への畏怖がなくなっていったのである。たしかに、海はときには荒れ狂う。そのときの海の恐ろしさがわからない人間はいないであろう。それでも海は、人間が完全にとはいかないまでも、少なくともある程度管理できるものに変わっていった。

そのため海は、ツアーやリゾートのための場所になったのである。蒸気船に代表される技術の進歩が、海と人間の関係を変えた。以前は海が人間を支配していたのが、逆に人間が海を支配するようになったのだ。もしそういうことがなければ、ヨーロッパが海外に出て、植民地をもつという帝国主義政策をとることもできなかったであろう。

†海とツーリズム

アラン・コルバンによれば、「一八世紀も三分の二を過ぎたころから世紀末にいたる時期、北方からやってきた旅行者は南方型の海水浴モデルに出会い、それが新古典主義の美意識とみごとなまでに合致していることに決まって眼を見張る」(同書、一八五頁)。

北方からやってきた旅行者が本当に眼を見張ったかどうかはともかくとして、アルプス以北の人々、とりわけ北欧人にとって、地中海の太陽にあたる行為そのものが重要である。少なくともこの時代には、アルプス以北から、人々が、地中海に保養に訪れていたことがうかがえる。ここに、ツーリズムが見いだせるといって、決して間違いではない。

しかしなおそれは、比較的裕福な人々にかぎられていた。旅行のための費用が、かなりかかったと推測されるからである。ともあれ、引用した文章は、浜辺リゾートがすでに一八世紀後半になると形成されるようになってきたことを示している。

イギリスでは、海岸での保養は、当初は王室や貴族層、ついで地主などの富裕階層、そして工業や商業をなりわいとするブルジョワジーに広がっていった。

ドイツ諸邦、オランダ、さらにベルギーにおいても、海水浴の施設が建設されていった。それを促進したのは、商人、役人、医者などであった。

さらにプロイセンでは、一八二〇年、国王がコルベルク（現在はポーランド領）での海水浴施設建設を奨励した。さらに、多くの観光客が観光でこの地を訪れ、ガイドブックが作成された。

オランダでは、スヘフェニンゲン（南ホラント）での海水浴場の評判がよくなった。

ベルギーでは、一八三四年以降、国王夫妻が湯治シーズンを同国内のオーステンデの海水浴場ですごすようになった。それがきっかけとなって、ベルギーの人々は海水浴場に行くようになったと推測される。

このようにヨーロッパ大陸においても、海水浴を利用した余暇は広がっていったのである。

†海水浴の広がり

海水浴は一部の富裕階層が独占していたが、あらゆる商品と同じく、だんだんと一般の人々も使える財へと変貌していった。

イギリスではブライトンやスカーボローが海水浴場として有名であり、一八世紀末には十分な設備が整えられるようになった。そしてベルギーのオーステンデやフランスのブローニュをはじめとするヨーロッパ大陸のいくつかの地域では、イギリスの観光客を目当てに設備を整えるようになっていった。

一九世紀の中頃には、バルト海と北海の沿岸で、海水浴場や保養地が点在するようになり、夏になると何千人もの人々がそこに出かけた。そのころにはバルト海のゴトランド島のヴィスビーを保養地とする動きがあった。

海水浴そのものが、治療を兼ねていた。海水浴場では、水浴療法がおこなわれた。

これらの場所が海水浴場になったのは、交通が発達したからである。蒸気船や帆船、さらには鉄道によって、労働者階級に属する人々が、海水浴場に行った。イギリスの場合には、日帰り旅行も珍しくはなかった。イギリスでは、労働者階級に、浜辺での文化が根づくようになった。

交通手段が発達する以前には、海水浴は、海辺に近い人々しかできないレジャーであった。しかし交通手段が発達し、さらに可処分所得が上昇すると、労働者階級の人々も海水浴を楽しむことができるようになったのである。

†フランスの海水浴場

フランスにおいては、海水浴場は一八一五年の王政復古以後進展した。ブローニュ、ディエップ、レ・サーブル＝ドロンヌ、ビアリッツなどがその例としてあげられる。ディエップに関しては、副知事のブランカが、一八二二年に最初の海水浴施設をつくった。ディエップには、毎年七月に宮廷の人々がやってきて、保養をした。

ノルマンディー海岸にあるトゥルーヴィルは、七月王政がはじまった一八三〇年には、重要な海水浴場になった。さらに一八三五年になると、ビアリッツが人気を博すようになった。

また、大西洋岸では、アルカションが有名な保養地になった。この地では、保養のためだけではなく、カジノで賭け事をするために、多くの人が集まった。

地中海に目を向けると、一八六〇年にニースがフランス領になってから、この街の人気は急上昇した。海水浴もあるが、この暖かい土地で冬をすごしたいという富裕な人々が、イギリス、ロシア、オーストリアやドイツから訪れたのである。

†安らぎを与える海へ

海は、人間にとって安らぎを与える場所になった。

たしかに海難事故は、一九世紀になっても依然として多かった。大西洋を航行する船の行方がわからなくなることも何度もあった。けれども、そのような事故は、以前に比べると少なくなっていった。

蒸気船は帆船に比べて、風による影響を受けにくい。嵐にあったとしても、帆船よりは安全である。一九世紀のうちに、航海は徐々に安全になっていった。だからこそ、イギリスのツーリズムが発展できたのである。

さもなければ、一般の旅行者にとって、海のツアーによるリスクは容認できないものだったはずである。また、もしツアーの最中に事故が発生すれば、ツアー会社にとっても、大きな痛手になったことは間違いない。

4　世界の一体化と余暇、経済成長

†余暇からみた世界

すでに第一章で論じたように、一九世紀の世界は、蒸気船、鉄道、そして電信によって一体化していった。

蒸気船により、遠隔地を結ぶ「定期航行」が可能になった。蒸気船は、帆船よりもはるかに時間通りに航行でき、しかもより安全である。

ヨーロッパ内部のツーリズムは帆船でもよかったが、ヨーロッパ人がアメリカ大陸、アフリカ、さらにアジアに商業航海しようとすれば、蒸気船を使うほかなかった。そして、イギリス国内、ヨーロッパ大陸の移動には、鉄道が利用された。また旅先からの急ぎの用事には、電報を使った。

鉄道は、軍事目的にも利用されたため、ヨーロッパ諸国は、競って鉄道の敷設をした。

その鉄道が、商業目的にも使われ、ツーリズムのために利用されたのである。そしてツーリズムは、ヨーロッパ人が余暇を利用するもっとも有効な手段の一つを提供した。

さらにヨーロッパ人は、船に乗って、ヨーロッパ外の世界を旅した。その船は圧倒的にイギリス船が多かったが、アメリカ船、ドイツ船、フランス船も活躍していた。

豪華客船が登場したのも、一九世紀後半の特徴であった。蒸気船は大型化し、スピードアップがはかられ、より安全になった海で、富裕な人々が船旅を楽しんだのである。

世界の一体化と余暇の利用法は、このように関連していたのだ。

†余暇と経済成長

ヨーロッパ人の可処分所得が上昇し、生活必需品以外にも所得の一部を支出することができるようになった。もともと余暇は上流階級のものであり、長距離を馬車で移動し、保養地に宿泊し、浜辺で遊ぶことは、彼らの特権であった。

一般の労働者は、それを真似たのである。労働者は、上流社会の人々の生活スタイルを真似る。そのために、彼らは市場で熱心に働いた——本当に働きたかったかどうかは別である。それと同様、余暇の生活スタイルも、少なくともツーリズムの点においては、労働者は、上流社会のそれを真似た。

労働者は、増大した可処分所得の少なからぬ部分を、余暇のために使った。余暇は、市場での経済活動の一部となった。余暇は、単なる自由時間ではなく、さまざまな会社が提供する事業のために重要な機会となったのだ。そのために、経済はさらに成長することになった。

労働者が、家庭内ではなく、市場での労働を選択したことはすでにみた。労働は可視化され、それ以外の時間の一部が余暇になった。その余暇もまた、市場経済のために使われたのである。

現実に労働者が、労働ではなく余暇のためにアジアやアフリカ、アメリカに行くことはきわめて難しかったであろう。しかしヨーロッパ内部なら、さほど難しくはなかった。

おそらく上流社会の人々はより広大な世界へ、労働者はヨーロッパ内部、それが無理なら国内のリゾートに出かけた。

ヨーロッパ諸国が植民地を獲得すると、上流階級の人々は、植民地となった地域を訪れた。彼らが植民地で使った金は、植民地ではなく、本国の利益につながった。この点でも、レジャーないし余暇は、帝国主義の一部を形成していたのである。

第五章
世界支配のあり方

ウィーン会議を描いたフランスの風刺画

一八一五年に結ばれたウィーン条約は、オーストリアの外相メッテルニヒのイニシアティヴによって結ばれたものであり、フランス革命以前の状態への回帰を目指す反動的体制であった。

しかしこの体制は、ラテンアメリカ諸国の独立やヨーロッパの経済成長のために諸国間のバランスが崩れたため、一八四八年の諸革命が生じたことで崩壊した。その後イタリア、さらにはドイツの国家統一がなされ、一つの国民が一つの国家を形成するという「国民国家」こそ、国家のあるべき姿だとの認識が強まった。

国民国家の形成は、ナポレオン戦争によって生まれたナショナリズムによって促進された。またフランス革命がもたらした自由主義は、国王らによる圧政からの自由という意識を植えつけた。このナショナリズムと自由主義をもとにして、国民国家における市民社会が形成されるようになった。しかしヨーロッパは、植民地には市民社会を誕生させようとはしなかった。

ウィーン体制の崩壊後、イギリスとヨーロッパ大陸諸国、さらにはアメリカとの工業力の差は縮まっていった。最初に工業国家となったイギリスに対抗しドイツとアメリカが挑戦し、重化学工業を基軸とする第二次産業革命によって、二〇世紀になるころには、イギリスは世界最大の工業国家ではなくなった。

しかしイギリスは世界最大の海運国家であり、海上保険がもっとも進んだ国であり、しかも国際貿易のほとんどはイギリスの電信を使ってロンドンで決済された。したがってイギリスは、工業力が低下しても、それを補って余りある収入源があったのだ。

1　ウィーン会議からメッテルニヒ体制崩壊までの政治史

†フランス革命・ナポレオン戦争の影響

フランス革命・ナポレオン戦争は、一六八八年から一八一五年にかけての英仏戦争の最終局面であった。この戦争でイギリスが勝利し、ヨーロッパ経済のヘゲモニーを握ることになった。

しかし、フランス革命とナポレオン戦争が目指すベクトルは違った。フランス革命は、「自由・平等・友愛」をスローガンとし、より世界市民的な世界の実現を目指した。

それに対しナポレオン戦争で生み出されたのは、ナショナリズムであった。たとえば、ナポレオン戦争時に、イタリアではじめて「国民」を表す言葉が使われるようになった。

フランス革命戦争もナポレオン戦争も、ヨーロッパを大きく混乱させた。フランス革命軍はオランダ共和国を蹂躙し、ナポレオン戦争によって、フランスは、ヨーロッパ全土を敵として戦争をした。ナポレオンがフランス人からなる国民軍を使うと、それに対抗して他のヨーロッパ諸国も自国民による国民軍を使った。

さらにナポレオンは、戦争の規模を急激に拡大させた。一八一二年のロシア遠征では、六八万人を超える軍隊を指揮したといわれる。これほど大規模な軍隊になると、補給の重要性は、以前よりも大きく増した。

ナポレオン戦争によって、第一次世界大戦までの戦争のシステムがおおむね決定されたといって、間違いではあるまい。たしかに、まだ鉄道は発展しておらず、蒸気船はなく、電信は使われてはいなかった。しかしながら、「ヨーロッパの世紀」における戦争のあり方に、かなり大きな影響をおよぼしたことは間違いない。

フランス革命・ナポレオン戦争は、三十年戦争（一六一八〜四八）と似たインパクトを、ヨーロッパ社会におよぼした。三十年戦争は、それぞれの国が自分たちの領土に対して主権を有する主権国家体制をもたらし、その後ナポレオン戦争が終結するまでのヨーロッパ社会の枠組みを築いた。それに対してフランス革命・ナポレオン戦争は、第一次世界大戦までのヨーロッパ、さらには世界の枠組みも決定したのだ。

まずここで論じなければならないのは、ナポレオン戦争の後始末のために開催されたウィーン会議と、その結果生じたメッテルニヒ体制である。

†ウィーン体制の成立

ウィーン会議は、フランス革命・ナポレオン戦争で混乱したヨーロッパの体制を立て直すために、一八一四〜一五年にオーストリアの首都ウィーンで開かれた会議である。議長を務めたのは、オーストリアの外相メッテルニヒであった。

「会議は踊る、されど進まず」といわれたこの会議は、一八一四年にエルバ島にナポレオンが送られたのち、九月一日から開始されたものの、議事は本当に遅々として進行しなかった。しかし、ナポレオンが一八一五年二月にエルバ島を脱出したことがわかると（ナポレオンは常に行動を監視されており、それは腕木通信によって知らされていた)、各国の代表は慌てはじめ、六月九日にウィーン条約が結ばれることになった。条約の目的は、フランスの代表タレーランの主張通り、フランス革命前の状態に戻すことにあった。それを、正統主義という。

この条約の内容は、次のようにまとめられよう。

①正統主義の原則にもとづき、フランス・スペイン・ナポリ・ポルトガルなどの旧君主を復位させ、フランスの国境は一七九〇年当時に戻す。

②ロシアはワルシャワ大公国の大部分を併合する。それをポーランド立憲王国とし、ロシア皇帝がポーランド王を兼ねる。

③ロシアは、フィンランド・ベッサラビアを獲得する。

④プロイセンはザクセンの北半分とラインラント、ワルシャワ大公国の一部を獲得、領土を東西に拡張した。

⑤オーストリアはネーデルランド、ポーランドなどの所領を放棄する。そして、その代償として、ヴェネツィア、ロンバルディアなどの北イタリアに領土を獲得する。

⑥イギリスは、旧オランダ領のスリランカ（セイロン島）、ケープ植民地を獲得し、マルタ島、イオニア諸島（ギリシア西岸）の領有を認められる。
⑦スイスは永世中立国となる。
⑧ドイツは35邦4自由都市からなるドイツ連邦を構成する。そしてフランクフルトに連邦議会をおき、オーストリアがその議長となる。
⑨スウェーデンはフィンランドをロシアに、ポンメルンをプロイセンに譲る。その代わりに、デンマークからノルウェーを獲得する。
⑩オランダは共和国からネーデルランド連合王国となり、旧オーストリア領ネーデルランド（後のベルギー）を併合する。

フランス革命前の状態にもどす「正統主義」をとっているわりには、革命前とはかなり異なる状態を認めていること自体、そもそも問題であろう。

ロシアがポーランドを併合したことは、一七七二年、九三年、九五年と、ロシア、オーストリア、プロイセンによって分割されたポーランドが、一八〇七年にワルシャワ公国としてつかの間の独立を勝ち取ったあとにおこった第四次分割であった。

これは、ポーランド国民の精神に大きな打撃を与えた。ただし、この時代に、ポーランドは工業化を進めることにもなり、経済が成長した時代でもあった。

フィンランドのロシア領編入については、そもそも一八〇九年に、フィンランドが事実上スウェーデン領からロシア領に変わったことを追認したものであった。しかしこれは、フランス革命勃発以前のフィンランドはスウェーデン領であったことを考えるなら、正統主義の原則に反している。そもそもフィンランドの公用語は以前と同様スウェーデン語であり、ロシア語ではなかった。フィンランドの歴史でロシア語が公用語となったことは一度もなかったのである。

イタリアに目を向けると、ヴェネツィア、ロンバルディアなどがオーストリア領になったことは、のちにイタリア統一のさまたげとなった。

さらにドイツ連邦の盟主にオーストリアがなったことは、ドイツの統一はオーストリアの手でなされるという意思表示と考えられよう。

イギリスがスリランカ、ケープ植民地を獲得し、さらにマルタ島、イオニア諸島を領有したことは、同国の帝国の発展に大きなプラスとなった。スリランカは、アジアやオーストラレーシアに航行する際の重要な中継地であった。ケープ植民地の領有がなければ、カイローケープタウン―カルカッタを鉄道で結ぶ3C政策はありえなかった。さらに、マルタ島は、イギリスの国際的電信システムの拠点となった。

こうしてみると、正統主義の枠組みはある程度守りつつも、大国の利益が前面に出た条約であった。そして、条約を結んだときにははっきりとはしていなかったが、最大の利益をえたのはイギリスであった。

ウィーン体制が、一八四八年の諸革命でオーストリアの宰相メッテルニヒが追放されるまで続いたことも事実である。ウィーン体制が各国の体制維持に便利であったことが、同体制が長続きした最大の理由であろう。

†ウィーン体制の意味

ウィーン体制は、前述のように、「メッテルニヒ」体制とも呼ばれる。それは、オーストリアの外相、のちの宰相であるメッテルニヒが中心人物であった体制だからである。

オーストリアは、かつての大国であったが、もはや昔日の力はなかった。したがってメッテルニヒにとって、オーストリアの勢力をどのように維持するのかが重要であった。オーストリアは、その領土内に多くの民族を抱える帝国であった。そのためナポレオン戦争によって高揚したナショナリズムは、帝国の統一の基盤を揺るがしかねなかった。フランス革命以前に戻るということは、帝国内の諸民族のナショナリズムの高揚をふせぐためにも必要なことであった。

メッテルニヒにとって、正統主義は、オーストリアの体制を維持するためにも必要であった。しかしその努力とはうらはらに、イギリスが最大の受益者になったのである。

さらにウィーン会議では、スイスの永世中立が国際的に承認されたことに注目すべきであろう。「中立」とは、一七世紀初頭のヨーロッパに生まれた概念だとされる。それは、戦争のときに、どの陣営にも与《くみ》しないという態度をとることを意味する。

したがって「中立」とは、戦争を前提とした行為なのである。ここから推測されるように、「永世中立」の承認とは、戦争を前提とした社会の肯定を意味する。当初の意図は別として、永世中立には、そのような意味が包摂されていることは、決して忘れるべきではない。

近世・近代のヨーロッパ史においては、何度も大きな戦争があった。フランス革命・ナポレオン戦争以前のヨーロッパ最大の戦争といえば、三十年戦争であろう。その講和条約であるウェストファリア条約では、一般に、主権国家体制が認められたとされる。

現在もなお、国家に主権がある主権国家体制は続いている。たとえば国際連合は、ある国の制度を非難し、是正を要求することはできても、それを強制することはできないのである。

この条約以降もいくつかの国際条約が結ばれた。それは、ヨーロッパで戦争が続いていたからである。ウィーン条約は、そのなかでもっとも重要な条約であった。

ウィーン体制とは、ウェストファリア条約締結からずっと続いていた戦争状態を是認した体制だと考えるべきである。しかも一八一五年以降、ヨーロッパの支配領域は急速に拡大した。すなわち、ウィーン条約の基本思想の一つである永世中立という概念は、戦争が常に継続していることを前提としており、この概念が世界全体に適用されたのである。ウィーン条約の世界史的意味は、このような角度から再考されるべきであろう。世界は、戦争を前提とする体制をとるようになったのである。それは、ウェストファリア条約から続く戦争体制の定着を意味した。

ウィーン体制の根幹をなしたのは、ロシア皇帝アレクサンドル一世が提唱し、イギリス、ローマ教皇庁、オスマン帝国以外のすべてのヨーロッパの君主が参加した神聖同盟と、イギリス・ロシア・オーストリア・プロイセンによる四国同盟（のちにフランスが加わり五国同盟）であった。これらの国々の思惑、利害関係はそれぞれ異なっており、ウィーン体制が崩壊するのは、時間の問題であった。

†ラテンアメリカ諸国の独立とウィーン体制の動揺

ウィーン体制とは、政治体制である。したがってこの体制の経済的意味について、これまで日本で正面から論じられたことは、まずなかったように思われる。

たしかに、ヨーロッパ諸国で経済が発展し、いくつかの国で産業革命がおこった。おそらく論じられていることは、それに集約されよう。ここでは、それがどのようにしてウィーン体制を崩壊に導いたのかをみていきたい。

ウィーン体制は、ヨーロッパの体制であるが、ヨーロッパが海外に植民地をもっていた以上、ヨーロッパ外世界とも大きな関係があった。この体制は、ラテンアメリカ諸国の独立によって崩れていったのである。

ラテンアメリカ諸国で最初に独立したのは、ハイチ（サン・ドマング）であり、一八〇四年のことであった。ハイチは、世界最初の黒人共和国とされる。さらに一八一一年にはパラグアイが独立を宣言した。そして、一八一六年には、ホセ・デ・サン＝マルティン

(一七七八〜一八五〇)に率いられ、アルゼンチンが独立した。これらはウィーン体制とは直接的には関係ない出来事であったが、やがてラテンアメリカ諸国の独立を促した点では重要である。

サン＝マルティンはその後、アンデスを越えて、スペイン軍を破り、一八一八年に、チリを独立させた。

ラテンアメリカでの独立運動は、宗主国スペインで一八二〇年から二三年にかけて立憲革命が起こったことで加速化された（この立憲革命は最終的に失敗し、首謀者であったラファエル・デル・リエゴ大佐は処刑された）。

サン＝マルティンは、一八二一年にペルーの独立を宣言し、全権を握った。しかし、その後も抗争は続いた。さらに立憲君主制を支持するサン＝マルティンに代わって共和制を支持するシモン・ボリバル（一七八三～一八三〇）がリーダーとなって、一八二四年にペルーは独立を達成した。

メキシコでは一九世紀初頭から「メキシコ独立の父」と呼ばれるミゲル・イダルゴ（一七五三～一八一一）らによって独立運動が活発になり、一八二一年、立憲君主国として独立したが、二四年に共和制となった。

ブラジルでは、一八二〇年に自由主義革命が勃発し、その二年後の二二年に正式に独立した。

ラテンアメリカ諸国の独立は、スペインとポルトガルの経済にとって大きな打撃となった。しかし、すでにナポレオン戦争期に宗主国と植民地間の経済的紐帯は弱くなっていた可能性も強く、ラテンアメリカ諸国としては、独立しても経済的に問題がない状況になっていた。

また、フランス革命以前のラテンアメリカ諸国最大の輸出品は、スペイン領ではカカオであり、ポルトガル領ブラジルでは砂糖であった。その多くは、宗主国であるスペインやポルトガルに輸送されていた。しかし、ナポレオン戦争が終わると、宗主国である（あった）スペインやポルトガルを通さず、直接ロンドンに砂糖（この頃には、スペイン領アメリカの最大の輸出品は砂糖になった）が送られた。それに次ぐ輸出先は、ハンブルクであった。

世界がグローバル化すればするほど、ロンドン、さらにはハンブルクなどの巨大な貿易都市の地位が高まっていった。それとは対照的に、巨大な貿易港をもたないオーストリアの地位は、低下せざるをえなかった。そのため、ウィーン体制は崩壊に向かうようになった。

さらに一八二三年一二月、アメリカ合衆国大統領ジェームズ・モンローが、「モンロー教書」を発表し、ウィーン体制下のヨーロッパ諸国のアメリカ大陸への干渉を排除しようとした。これは、一般に、アメリカの孤立主義外交を宣言したものだとされる。

しかし、経済的には、この教書は、アメリカ合衆国の南北アメリカにおける海運業保護政策を打ち出したものととらえられるのである。アメリカはすでにこの当時、イギリスに次いで世界第二位の海運国家であった。したがって、アメリカは、「モンロー教書」を出すことで、ヨーロッパ、とくにイギリスの海運業を南北アメリカには進出させないという意思表示をしたとみなすこともできるのである。

†ウィーン体制の崩壊

そもそも、フランス革命・ナポレオン戦争で荒廃し、国境線すら変わったヨーロッパを、フランス革命以前の状態に戻すことは不可能であった。フランス革命で高揚した自由主義は既存の体制を批判し、ナポレオン戦争で高揚したナショナリズムにより、ヨーロッパは国家統一へと向かった。ウィーン体制の崩壊に大きく貢献した運動は、自由主義思想をバックボーンとしていた。

ドイツでは学生の同盟であるブルシェンシャフトが一八一七年に蜂起したが、弾圧された。イタリアでは急進的なカルボナリの乱が一八二〇年にナポリで、二一年にピエモンテで生じたが、鎮圧された。一八二〇～二三年のスペイン立憲革命も鎮圧された。一八二五年にロシアで自由主義を求める将校の乱であるデカブリストの反乱がおこったが、これも鎮圧された。

しかし、一八三〇年のフランス七月革命により、ウィーン体制の基礎は大きく揺らいだ。この革命により、国王シャルル一〇世は退位し、ルイ＝フィリップが王位を継いだ。この革命の影響は大きく、ロシアからの独立をはかったポーランドの反乱、さらにドイツ、イタリアでも反乱がおこった。

一八四八年、フランスで二月革命がおこると、それがオーストリアに飛び火し、三月革命となり、メッテルニヒは失脚、亡命し、ここにウィーン体制は幕を閉じたのである。

†経済成長によるウィーン体制への影響

ナポレオン戦争が終焉を迎えると、ヨーロッパでは、地域横断型の経済成長と、国家の力に依存した経済成長の二つのタイプの経済成長が混在した。

イギリスの経済史家であるシドニー・ポラードは、産業革命の地域横断的な性格を強調した。ナポレオン戦争が終わると、産業革命による革新が国境を越えて平和に伝播することができた。地域から地域へと新産業が広まり、市場が拡大・進化し、そのため、ほとんどすべての地域で一人あたりの所得が増大したという。

ポラードの見解では、これまでの国民国家の地理的な国境を使用した産業革命研究には欠陥があったというのだ。

それに対し、経済成長における国家の役割の重要性を指摘するのは、スウェーデンの経済史家、ラース・マグヌソンである。彼はそれを、「国家の見える手」と呼んだ。

ナポレオン戦争によって、経済的な意味での国境が破壊された。さらにヨーロッパ大陸では運河や鉄道の建設が進み、ヨーロッパ全体で徐々に一つの市場を形成するようになっていった。たとえば、ウィーン会議で成立したネーデルランド連合王国では、国王のウィレム一世が、モンスーシャロワ間に運河を建設した。そのため、ブリュッセルとアントウェルペンがつながれ、アントウェルペンは、フランスとドイツを結ぶ重要な中継港になった。一八三〇年にオランダから独立したベルギーでは、一八三四年の議会で、鉄道建設のために国家が主導権を握ることが決められた。

さらに、一八三四年に結成されたドイツ関税同盟は、プロイセンを中心とするドイツ統一のための経済的基盤を提供した。これでドイツにも、統一市場が誕生することになった。これは、現状維持を原則とするウィーン体制の理念とは相容れない。そもそも、現実はつねに変化するものであるから、この体制がともかくも三〇年以上にわたって維持されたことこそが、本来奇妙なことであろう。

ポラードの指摘を待つまでもなく、経済が発展すると、国境を越えて物資を輸送することは、以前と比較してはるかに容易になった。まだ国民経済は形成の途上であり、最初に産業革命をおこしたイギリスでさえ、国民市場（一国が一つの市場を形成する）が形成されていたとはいえなかった。さらにフランス国内にはたくさんの地域市場があり、その結合度は決して高くはなかった。

あえていえば、産業革命（工業化）とは、マンチェスター付近で生じた出来事にすぎなかった。それをわれわれが「イギリス産業革命」と呼んでいるにすぎない。国民市場の形成と、工業化の発生とは別問題である。マンチェスターで綿織物工業が発展したのは事実であるが、それを「イギリス」の産業革命（工業化）というのは、この都市が、イギリス領に属しているからである。

まず重要な点は、イギリスが産業革命（工業化）を発生させ、そのために優位に立っていた事実をヨーロッパ大陸の指導者が理解していたことである。彼らは、そのために必要なさまざまな方策を考えた。たとえば、すでに一八世紀末から、産業スパイをイギリスに送り、イギリスの技術を導入しようとしていたのである。ナポレオン戦争が終結し平時になると、それはなおさらやりやすくなった。

イギリスの鉄道の技術を導入するために、ヨーロッパ大陸諸国は、イギリス人の技師を招聘したりした。さらに、イギリスの工業製品（主として綿織物）の輸入を阻止するために、高い関税をかけ、自国市場を保護しようとした。国家主導型の経済成長がはかられ、ここに、マグヌソンがいう「国家の見える手」が作用しやすい状況が生まれたのである。

また工業化の成功には、国境を越えた物資の移動が必要とされる。それは、蒸気船と鉄道の発展により促進された。たとえばイギリスの場合、綿花は西インド諸島の植民地、さらに北米の南部から輸入された。ドイツは、一八七一年にプロイセン―フランス戦争の勝利により、フランス領であったアルザス・ロレーヌ地方を自国に編入して石炭を自国領でえられるようになる以前は、石炭をフランスから輸入しており、それは国境を越える鉄道網によって実現されていたと考えられる。そうして国家は、工業化をおこすべく、そのための物資を自国内にもたらし、工場を建設していった。

工業化が進むほど、ヨーロッパは経済的に統合されていった。そして、工業化の進展度の違いによって、国家の勢力は以前とは変わっていった。当然の帰結として、国家間のフランス革命以前の状態を正統とする、ウィーン体制の根幹が崩れていったのである。

2 国家の統一

残された国家統一

一六四八年に結ばれたウェストファリア条約によって、主権国家体制が成立したことはすでに述べた。しかし、まだ主権国家といえる国家が誕生していない地域もあった。イタリアとドイツがそれにあたる。

イタリアは、中世以来都市国家が形成され、それは領域国家と呼ばれる大きさになったことはあったが、国家が統一されたことはなかった。

ドイツは、三十年戦争で荒廃し、諸邦が乱立する状態が長く続き、国家の統一はならなかった。そこに新しい国が登場し、ドイツ統一の担い手になりそうであった。ブランデンブルク＝プロイセンがその国である。

†イタリアの統一

一五世紀末から一六世紀中頃まで続いたイタリア戦争は、この地の支配をめぐるハプスブルク家とフランスのヴァロワ家の戦争であった。イタリアは、それ以降、大国に蹂躙されることになった。

一七九六年にフランス革命政府がイタリア遠征軍を派遣し、オーストリア軍に勝利すると、イタリアに自由の理念がもたらされることになり、その影響で、イタリア統一の機運がもたらされた。そして、イタリアの統一と独立を目ざす運動であるリソルジメントが活発化した。

しかし、すでに述べた通り、カルボナリの蜂起は鎮圧された。また、フランス七月革命の影響を受け、イタリア中部を中心に反乱があったが、これもオーストリアによって鎮圧されてしまった。

一八四八年、マッツィーニらが組織化した青年イタリアは、ミラノとヴェネツィアで市民が蜂起したので、共和制を宣言した。けれどもその支援者であったサルデーニャ王国がオーストリアとの戦争で敗北したため、独立運動は成功には至らなかった。

さらに、一八四九年、マッツィーニらがローマ共和国を樹立したが、フランスの介入で潰されてしまった。

その後、サルデーニャ王国が、イタリア統一運動の中心となり、首相カヴールが、イタリア統一運動の支柱となった。一八六〇年、カヴールはサヴォイアとニースをフランスに割譲する代わりに、中部イタリアを併合した。

同じ一八六〇年、ガリバルディがシチリア、さらにナポリを占領した。ガリバルディは共和主義者であったが、イタリア統一のために、占領地の統治権をサルデーニャ国王ヴィットリオ＝エマヌエーレ二世に献上した。

こうしてリソルジメントは完成し、一八六一年、イタリア王国が成立したが、都はピエモンテのトリノにおかれ、北東部のヴェネツィア地方と教皇領のローマはまだ含まれていなかった。これらは、「未回収のイタリア」と呼ばれた。

「未回収のイタリア」の問題は、一八六六年のフランス＝プロイセン戦争でヴェネツィアを回復し、一八七〇年にフランス軍が撤退することで教皇領を併合、さらに第一次世界大戦後サン＝ジェルマン条約で南チロルとトリエステがイタリアに編入され、おおむね解消されるまで続いた。

†ドイツの統一

ドイツ語を話す諸邦においては、代々神聖ローマ帝国皇帝となったオーストリアが圧倒的に高い地位にあった。だが、三十年戦争後のドイツは、現実には多くの諸邦に分かれており、なかなか統一の機運は見出せなかった。

競争相手であったイギリスとフランスが中央集権体制の国家を形成していったのに対し、ドイツの統一はずいぶんと遅れていた。しかし、一七〇一年にプロイセン王国が誕生すると、徐々に統一への動きが強まっていった。

フリードリヒ二世（在位一七四〇～八六）の時代に、プロイセンは大きく飛躍した。オーストリア継承戦争（一七四〇～四八）、七年戦争（一七五六～六三）に勝利したばかりか、その都市ケーニヒスベルクは、バルト海地方有数の貿易港として発展した。さらにフリードリヒ二世は、現在のドイツとポーランドの国境線にあたるオーダー川沿いのシュテッテインに製糖所を建て、砂糖貿易による利益を狙うなど、殖産興業政策をとった。

ナポレオン軍に占領されて民族意識の高まったドイツは、国家の統一を目指すことになった。ドイツ統一をめぐって、オーストリアを含む大ドイツ主義と、それを含めない小ドイツ主義の対立があり、結局、小ドイツ主義が勝利を握った。一八四八年のフランクフルト国民議会でドイツの統一と憲法が審議された。そしてドイツ諸国の中でもっとも有力であったプロイセン王国を中心に統合されることになった。

プロイセンは、宰相ビスマルク（一八一五～九八）の指揮のもと、一八六六年にはプロイセン＝オーストリア戦争に、一八七〇～七一年にはプロイセン＝フランス戦争に勝利し、ドイツ統一に成功した。これらの戦争で、武器弾薬の輸送に最も威力を発揮したのは鉄道であった。それこそ、プロイセン軍、さらにはドイツ軍が他国に勝る利点であった。

†国民国家形成の理由と帝国主義

このようにして、ヨーロッパでは一つの民族が一つの国家をつくることを意味する「国民国家」が誕生していった。イタリア、ドイツの統一により、西欧では「国民国家が当たり前の姿である」という意識が広まっていった。国民国家こそ近代国家だということが当然視されることは、現在もなお続いている。

実際には、国民国家は人為的に形成されたものであり、「国民」という意識は、近世の戦争、さらに一九世紀の帝国主義の時代に形成されたものである。またそれは、ヨーロッパの帝国化と大きく関係していた。

それぞれの国が、帝国を形成することによって大きな利益をえた。植民地などのヨーロッパ外世界から獲得される利益が、国家内部だけであれば利害が反する人々を結びつけたのである。世界最大の帝国を形成したイギリスが、その典型例である。

現在の歴史学では、近世のヨーロッパを「複合国家」と呼ぶことがある。たとえばイギリスという国は、正確にはイングランド、ウェールズ、スコットランドなどからなる複合的な国家である。イギリスにかぎらず、近世のヨーロッパ諸国は、複合的な民族nationからなる混合体であったというのである。

しかし、このような意味での複合国家とは、近世だけの産物ではない。現代のヨーロッパもまた複合国家なのである。だからこそ二〇一六年のBrexitの際、EUからイングランドは離脱し、スコットランドはとどまろうとしたのである。さらにスペインからは、カタルーニャが独立しようとしているのだ。したがって、複合国家を近世的現象とする見方には、大きな問題がある。

複合国家であるはずのヨーロッパ諸国が国民国家であると意識することができた（あるいは錯覚した）のは、帝国主義が各国に利益を供与し、多くの「国民」がその恩恵を受けたからであろう。

かつての植民地との絆が薄れたヨーロッパ諸国は、植民地と結びつくのではなく、ヨーロッパ各国との紐帯を強め、一体化するほかなくなった。それが、現在のヨーロッパの姿なのである。

すると、帝国主義の利益によって統一されていたヨーロッパの「国民国家」が崩れていく、という構図が成り立ってくる。それが Brexit やカタルーニャ独立問題に現れているのだ。今後もヨーロッパでは、少数民族問題や宗教問題に端を発して独立しようとする国が出てくるかもしれない。

3　アメリカとドイツの挑戦

†第二次産業革命とは

イギリスは工業化（産業革命）発祥の地であり、長期にわたり世界最大の工業国であったが、いくつかの国がイギリスにチャレンジした。その代表は、ドイツとアメリカであった。一八七〇年頃にはじまったこの二国の産業革命は、第二次産業革命と呼ばれる。日本の西洋史研究のパイオニアの一人である鈴木成高《しげたか》（一九〇七〜八八）は、第二次産業革命の特徴を、次のようにまとめている。

第二次革命期は従来、経済史的に、資本主義の独占化の段階として規定せられている。それは技術史的には、第一に軽工業より重工業への産業中心の移行によって、また第二に、電気エネルギーの工業化によって、第三に、化学工業の登場によって、特徴付けられるところの段階である。

（鈴木成高『ヨーロッパの成立・産業革命』燈影舎、二〇〇〇年、二八四頁）

一八三〇年頃まで、イギリス最大の工業製品といえば毛織物であった。毛織物は動物織維であり、綿織物と比較すると、同じ量の織物を生産するために使われるエネルギーがはるかに大きい。同量の生産をする場合、羊毛は、綿よりもおよそ一二倍の土地が必要であった。したがって、第一次産業革命により、人々は、土地による束縛が弱くなったのである。

第二次産業革命は、この傾向をさらに推し進めた。化学繊維は、農地を必要とはしない。それゆえ、広大な土地がなくても大量の繊維を生産することができるようになった。

第二次産業革命の中軸国はドイツとアメリカ合衆国であった。だが、この二国には、決定的な違いがあった。それは、ドイツがヨーロッパの常として領土が小さく、しかも植民地をあまりもっていなかったのに対し、アメリカ合衆国は、工業化に必要な資源を自国内に有していたことである。そのため、この二国の第二次産業革命の要因は、大きく異なっていた。

†アメリカの特徴

アメリカ合衆国の経済は、南北戦争後急成長を遂げた。一八九四年になると、工業生産力は世界一になった。そして、巨大企業が特徴であった。たとえば、一八七〇年に創設されたスタンダード石油は、一八七八年にはアメリカ合衆国における石油精製能力の九〇パーセントを保持するまでに至った。しかしスタンダード石油は、一九一一年に独占禁止法であるシャーマン法によって三四の会社に分割されることになった。

このスタンダード石油が分割されて誕生した会社のなかに、現在のBP（ブリティッシュ・ペトロリアム）の一部、エクソンモービル、シェブロンなどの世界的大企業が含まれている。それほど、スタンダード石油は巨大な会社だったのである。

アメリカ合衆国の企業規模は、ヨーロッパと比較してずっと大きかったし、それは、こんにちにおいてもなおあてはまる。アメリカ合衆国は十分に巨大であり、国内の経済活動だけで大企業になれた。そのような企業が多国籍化して、さらに規模を大きくするのは比較的容易であった。

巨大企業が誕生する一方で、一般民衆の暮らしは貧しかった。また、たとえば、奴隷解放があったとはいえ、解放された奴隷は、結局無一文で放り出されることとなり、プランテーションを去って放浪するか、南部にとどまってプランテーションの農民か小作人になるよりほかに道がなかった。彼らは依然として貧しかったのである。そのような状況を皮肉って、一八七〇年代から八〇年代のアメリカ合衆国を、拝金主義の時代という意味で

「金ぴか時代」と呼ぶ人たちもいる。

†ビッグビジネスの誕生

第一次産業革命と比較して第二次産業革命の企業規模が大きかったのは、イギリスの基幹産業は綿工業であり、軽工業であるために資金をあまり必要としなかったのに対し、第二次産業革命では重化学工業が中心だったため、巨額の資金を必要としたからである。アメリカ合衆国では独占的な企業結合であるトラストが、ドイツではカルテル（企業連合）が形成された理由の一端はそこにある。巨大企業でなければ、競争に勝てなかったのである。

ドイツでは、「金融資本」という言い方がしばしばなされ、投資銀行が巨額の資本を企業に融資し、それにより工業化が進行した。いわば、銀行主導型の工業化とみなされている。

第一次産業革命では巨大企業の必要はなかったが、第二次産業革命では巨大企業が不可欠になった。この点で、イギリスは明らかに遅れていたのである。

ドイツでは、イギリスに追いつくために銀行が積極的に企業に融資した。そして、そのような銀行が独占資本となった。一九一〇年、ドイツの経済学者ルドルフ・ヒルファーディングは、ドイツのこのような状況を著した『金融資本論』を出版した。

ドイツは、植民地帝国を築き、綿工業を発展させて巨額の利益をえているイギリスに対抗しようとした。綿製品は、熱帯地方の労働者がいなければ生産できない。イギリスはかつて植民地であった合衆国南部との結びつきが強く、さらには綿花の生産地域であるインドを植民地としていた。ドイツには、そのような植民地はなかった。そのため自然界に存在する綿ではなく、自然界には存在しないナイロンなどの化学繊維を製造したのである。そうして、イギリス帝国に対抗するために、第二次産業革命を成功させたといえよう。

4 ヨーロッパの民主化と植民地

†選挙権の拡大

工業化の影響もあり、一九世紀が進むにつれ、ヨーロッパ人は豊かになっていった。生活水準が上昇した人々は、政治に関与する時間がもてるようになった。そして、みずからの利害を現実の政治に反映させることができることになる。富裕な人々は高額納税者であり、彼らは政治発言権をもつようになり、政治的地位が上昇した。生活水準上昇の影響はさらに下層の人々にまでおよび、彼らの政治的発言力も増すようになった。

さらにフランス革命によって鼓舞された自由主義の意識は、ウィーン体制下においても弱体化せず、同体制の崩壊後は、より強くなっていった。

国民国家が誕生したヨーロッパ諸国において、自由主義とは、それまで国王らによって圧政を受けていた「国民」の自由の拡大を求める方向の動きへと転換した。具体的には、自由の増加=権利の拡大という方向に向かったように思われる。

たとえばイギリスでは、一九世紀から二〇世紀にかけ、五回にわたり選挙法改正がおこなわれた。一八三二年の改正では、財産制限はあったが、都市の中流階級に選挙権が拡大された。

一八六七年の第二回改正では都市労働者に、さらに一八八四年の第三回改正では、農村労働者に選挙権が拡大された。一九一八年の第四回改正では二一歳以上の成年男子と三〇歳以上の女性に、一九二八年の第五回改正では、二一歳以上の男女に選挙権が与えられた。

フランスにおいては、すでに一七九二年に男子普通選挙が実施されていたが、それは三年後の一七九五年に廃止されてしまった。だが一八四八年になって、一院制の議員と大統領を、男性普通選挙で選出することが実現された。

ドイツにおいては、一八七一年にドイツ帝国が成立した際に作成されたドイツ帝国憲法により、帝国議会の選挙で成年男子による普通選挙が実施された。そして第一次大戦後に、二〇歳以上の男女が投票権をもつ普通選挙制度が認められた。

†不平等に扱われる被植民地人

ヨーロッパにおいては、このように社会は平等化していった。しかしヨーロッパ諸国は、それを植民地に拡大する意思はなかった。彼らは植民地の人々を文明化することが自分たちの使命であるという「文明化の使命」をかかげていたが、現実には議会制民主主義を植民地に導入することはなかった。

ヨーロッパ人が「文明化の使命」という言葉をどのように使ったのかを知るために、ここではイギリスの小説家キプリングと、ドイツ人の医師であるノーベル平和賞受賞者のシュヴァイツァー、フランスの政治家ジュール・フェリーの事例をとりあげよう。

ジョゼフ・ラドヤード・キプリング（一八六五～一九三六）は、インドのボンベイに生まれ、イギリス統治下のインド世界を描いた。したがってキプリングの文学は、「アングロ・インディアン」の文学である。

キプリングのいう白人とは、人種的な意味での白人ではなく、文明社会で高い倫理的規範を共有する白人であった。さらにキプリングの二〇世紀の南アフリカに関する言動は、少数のイギリス官吏によって植民地を支配し、鉄道、道路網の建設、衛生の向上などの先進的技術の投入により、現地社会を改善する一方、帝国を脅かす勢力を実力により抑圧するというセシル・ローズらの考えを、「白人の責務」という言葉を使って支持するものであった。

キプリングよりもさらに問題の多い白人優位思想の人物として、アルベルト・シュヴァイツァー（一八七五～一九六五）がいた。シュヴァイツァーは、本書で扱うより、ややあとの時代に活躍した人である。しかし、彼の行動は、ヨーロッパ人の典型として知られるので、ここで言及する価値はあろう。

シュヴァイツァーは三八歳のときにアフリカ西岸のガボンに行き、そこで医療活動をした。かつて彼は、黒人を救う活動をしたという理由で、聖者のように働いたと思われていている。

た。だが、現在では彼が、人種差別主義者であったことは、ある程度知られた事実となっている。

シュヴァイツァーは、「あわれな黒人どもに、奇跡的と思っている治療をしてやる。黒人たちにとって、自分は『神』なのだ」という意識をもっていた。しかも黒人には、「わたしはおまえの兄弟だ。しかしおまえの兄であると教え込んだ」といっていた。

次にフランスを例にあげると、フランスにおいては、「アジア的専制」という言葉は、スタンダールの『恋愛論』でも使われていた。このイデオロギーは、ナポレオンの遠征をきっかけとして、「オリエント」が植民地化の対象になったとき、広大なオスマン帝国の領土の支配を狙う政治的言説のなかで威力を発揮するようになった。

専制的政治こそがアジアの特徴だとしたフランスにおいて、ジュール・フェリー（一八三二～九三）は、差別的な発言をした。「優れた人種は劣った人種に対して権利をもつ。優れた人種には権利がある。なぜなら彼らは劣った人種に対し、義務を負うからであります。彼らは劣った人種を文明化する権利をもつのです」。ここでいう「優れた人間」がフランス人であり、「劣った人種」とはアジア人であった。

このように、「文明化の使命」とは、被植民地人の権利を擁護するものではなく、むしろその逆で、被植民地人をヨーロッパ人の都合のいいように利用することを意味したのである。ここまで述べてきたように、一九世紀の植民地の人々は差別され、また搾取され続けたのだ。「ヨーロッパの世紀」は、被植民地人を収奪することで成り立っていたのである。

5 手数料資本主義とイギリス

†イギリス経済の強み

これほど不平等な社会が維持できたのは、要するに、イギリス経済の影響力が非常に強かったからである。イギリスが世界経済のヘゲモニーを握っていた以上、ヨーロッパ大陸諸国と植民地の支配＝従属関係は、究極的にはイギリスの利益に結びついていたはずである。ここで証明したいのは、ヨーロッパ諸国と植民地との不平等な関係が、イギリスを媒介として、どのように結びついていたのかということである。

すでに何度も述べたように、アメリカやドイツに（さらにはフランスにまで）工業生産で追いつかれ、さらには追い越されたとしても、イギリス経済には工業以上に強い分野があった。

イギリスは、一九世紀後半以降、海底ケーブルを含め、世界中に電信を敷設していった。イギリスは一八世紀初頭から金本位制を採用しており、ウィーン条約締結後、首都ロンドンが世界金融の中心になり、国際貿易は、電信を通じて、ロンドンで決済されるようになった。そのため世界の多くの地域で金本位制が採用されることになった。

そしてイギリスは、電信の使用で巨額の手数料収入をえた。電信をメンテナンスして維持しさえすれば、確実に儲かるシステムを形成していったのである。

このようにイギリス以外の国が取引する場合でも、イギリス製の電信、船舶、さらには海上保険が用いられ、そうして世界経済が、イギリスを中心として機能するシステムをつくりあげたことが、イギリスの大きな強みであった。

蒸気船を用いた海運業の発展についてはすでに論じたので、ここでは海上保険について論じたい。

†海上保険の発展とイギリス

世界最古の保険は、バビロニア時代の紀元前二〇〇〇年にまで遡るとさえいわれる。さらには、古代ギリシアでもローマでも、海上保険が使われていたといわれる。しかし、一般的には、最初の保険は、一四世紀中頃のジェノヴァではじまったとされる。現在知られている最初の海上保険証書は、一三四三年と一三四七年のものである。

けれども、本当にそれが近代的なものだとは、私には思われない。というのは、中世には、保険料率の算出に不可欠な大数の法則はまだ知られていなかったからである。大数の法則とは、たとえばサイコロを振るとして、長期的には一から六までの目が同じように出るはずであるということを意味する。そういうことが、中世には知られていなかったのである。

さらにまた、中世と近代のヨーロッパにおける事業形態の相違にも、もっと目を向ける必要があろう。中世の企業は一回かぎりの事業のために結成され、それが終わったら解散するのに対し、近代的な企業では、事業の永続性が前提とされている。このような差異は、これまでの研究では軽視されてきた。

事業に永続性があると考えられるからこそ、経営者は、長期的にものごとをとらえようとする。ここで海上保険をかけるかどうかの問題に論を限定すると、たった一回だけの航海のためなら、難破の確率が五〇パーセントにならないかぎり、保険はかけない方が合理的であろう。けれども、永続的な事業であり、絶えずこのルートを通るとすれば、航海のたびに海上保険をかける方が合理的な行動となろう。

事業が永続的になった、より正確には「永続的であると期待される」ようになった時期は、国によって、また業種により多様であり、簡単に判断できることではない。しかしおおまかにいうなら、国際的な「定期航路」が明確に形成される一九世紀後半になってからのことであったろう。蒸気船の使用によって定期航路の規模が拡大し、使用される船舶数が急速に多くなったため、事故率が大数の法則に従うようになってきたのではないかという推測もできよう。

その大数の法則は、一九世紀になり、アドルフ・ケトレー（一七九六〜一八七四）によって社会の基本法則とみなされるようになったといわれる。

たとえば若土《わかつち》正史は、大航海時代のポルトガルは、「大数の法則に見合うだけの引受件数」と「一定水準で安定した損害率」という要件が十分にカバーされていなかったため、インド航路では海上保険を積極的に利用しなかったと述べている（若土正史、二〇一五）。それを考えるなら、蒸気船が増えるまでは、大数の法則が海上保険で成り立ったとは思われないのである。

海上保険は、アムステルダムやハンブルクでも発展したが、一九世紀においてもっとも取扱額が多かったのが、イギリスであったことは間違いない。その中心となったのがロイズであった。

†海上保険におけるロイズの重要性

ロイズの起源は、一六八八年、エドワード・ロイドがロンドンのタワー・ストリートにコーヒー・ハウスを開店し、そこに貿易商や船員たちが集まるようになったことに遡る。そこでロイドは顧客のために最新の海事ニュースを発行するサーヴィスをするようになり、このコーヒー・ハウスは大きく発展した。

一六九一年になると、ロンバード・ストリートの中央郵便局の隣に移転することとなった。これを契機に、次第にアンダーライター（有価証券を発行・販売するにあたり、発行者または売主から自分がリスクを負担して引き受け、投資家に販売する人）がロイドのコーヒー・ハウスに集まるようになった。これが、ロイズ保険のはじまりである。

一七二〇年に発生した南海泡沫《ほうまつ》事件をきっかけとして、議会は泡沫会社禁止法（Bubble Act）を制定し、保険引受業務をおこなえる会社を、王立取引保険（Royal Exchange Assurance）とロンドン保険会社（London Assurance Corporation）の二社に限定した。一八世紀においては、イギリスの海上保険はロイズがほぼ独占していた。

保険業の成立には、確率論の発展が欠かせない。確率論の発展は、一七世紀後半のパスカルとフェルマー、とくに後者によって成し遂げられたといえよう。さらにまた、こういう意見もある。

（一六五四年に書かれた）パスカルの手紙から一〇〇年のうちに、平均余命表はイギリスの終身年金の基礎となり、ロンドンは海運保険ビジネスの中心地として栄えた。もしこの保険がなければ、海運業は巨大なリスクを引き受けられるほど豊かな者だけに独占され続けていただろう。

（キース・デブリン『世界を変えた手紙――パスカル、フェルマーと〈確率〉の誕生』原啓介訳、岩波書店、二〇一〇年、四頁）

しかし、一七世紀から一八世紀にかけてのヨーロッパ社会では、彼らの確率論が現実には必要とされてはいなかった。一九世紀になってようやく、高度な確率論を必要とする社会が誕生したと考えるべきであろう。

ロイズという組織は会社ではなく、個人のアンダーライターの集団であった。そのため会社組織では海上保険は認可されないという規制の対象から除外された。しかも、王立取引保険とロンドン保険会社は海上保険から撤退し火災保険に主力を移したため、イギリスにおいては、海上保険は再びロイズの独占となったのである。

ロイズでは、個々のアンダーライターが直接保険を引き受けるのではなく、アンダーライターは所属するシンジケートを通じて引き受けていた。

それに対しアメリカでは、会社組織の保険会社が発展した。しかし、ロイズのアンダーライターは顧客が必要とする情報を提供する能力があったために、むしろ株式会社組織よりも柔軟に経済変化に対応できたのである。南北戦争後、イギリスで電信が発展し、情報入手の手段が革命的に変化したことで、アメリカの保険会社は明らかにロイズの後塵を拝するようになってしまった。

イギリスでは一八四四年に、株式会社法（Joint Stock Companies, Registration and Regulation Act）によって、登記だけで法人が設置されることが公式に宣言された。そのため、多数の保険会社が創設された。しかし、ロイズは、他のどの会社よりも競争力があった。海上保険業において、ロイズに匹敵する会社はなかったのである。そのためすべての海上保険会社が、ロイズに海上保険を申し込み、ロイズに頼ることになった。一九世紀における世界最大の海上保険組織はロイズであり、しかも再保険まで扱っていたのである。

再保険とは、保険会社が、リスクを軽減させるために、さらにまた別の会社に保険をかけることをいう。海上保険における再保険業の中心となったのがロイズであることはほぼ間違いない。すなわち、海上保険会社は、さらにロイズに自分たちの保険をかけたのである。再保険市場の利率は、保険市場の利率も決定する。すなわち、ロイズが、海上保険の利率（保険料率）の決定者であったと推測される。

†手数料資本主義の完成

一八七〇年頃から、イギリスは世界第一位の工業国家の座を脅かされはじめ、世界の工場としての地位を、やがてドイツやアメリカに譲っていった。だがその一方で、イギリスは世界最大の海運国家であった。したがって、アメリカであれドイツであれ、イギリス船を使わずに貿易活動をおこなうことは不可能であった。この二国の工業製品もイギリス船によって輸送され、イギリスの海上保険会社（ほとんどがロイズ）で保険をかけたことはきわめて重要である。

つまり、イギリスは、たとえ工業生産では世界第一位の国ではなくなったとしても、何も困ることはなかったのである。すべての国がイギリス製のインフラを使わなければならなかったので、世界の他地域の経済成長は、イギリスの富を増大させることにつながった。世界の経済成長と、イギリスが獲得する利益は連動していたのである。

世界の多くの地域で、経済成長がおこったとすれば、イギリス製の電信が通信や決済のために使われたので、他国が経済成長したとしても、イギリスが十分に儲かる手数料を獲得できる仕組みができあがっていった。

イギリスが世界経済の中心に位置することができたのは、このようなシステムを形成したからである。手数料資本主義こそ、イギリス経済の特徴であったし、現在もなおそれが続いているのである。

こうしてイギリスが手数料資本主義を完成させ、世界経済はその枠組みのなかで機能した。それは、すべてがイギリスの利益のために奉仕するシステムだといえる。イギリスの植民地（公式・非公式の帝国）ばかりか、欧米経済のシステムはそれと連動していた。

イギリス以外の欧米諸国も植民地の保持によって大きな利益を得ていたが、本国と植民地の貿易決済は、ロンドンでなされた。イギリスはこのシステムを維持するために、多数の艦隊をもち、世界の政治的安定につとめたのである。

†「ヨーロッパの世紀」と植民地

ナショナリズムはナポレオン戦争前から存在していたが、それを強化したのがナポレオン戦争だったことは間違いない。ヨーロッパのナショナリズムは他の地域にまでおよび、帝国主義時代に世界を分割した。

一九世紀のヨーロッパでは、こんにちの目からは不十分であったとはいえ、民主主義が進んでいった。それが可能だったのは、少なくともある程度、ヨーロッパ外世界から消費財が流入し生活水準が上昇し、さらに植民地からヨーロッパに第一次産品が輸入され、それに加工をして世界各地に売り、大きな余剰をえていたからである。しかも、ヨーロッパ、とりわけイギリスは世界の流通網の多くの部分を握り、それによる利益もえていた。その利益に、アジアやアフリカ諸国はあずかれなかったのだ。ヨーロッパ諸国が植民地を搾取する構造の維持は、イギリスのロンドンで国際貿易の決済をすることに大きく依存していた。

本章で繰り返し述べたように、ヨーロッパの経済成長、さらには民主主義の発展は、ある程度は植民地の従属化によって可能になった。一九世紀の「ヨーロッパの世紀」とは、ベルエポックとは、そのような時代であった。あくまでも、ヨーロッパの人にとっての良き時代であり、植民地は、それに奉仕するために存在したのである。

彼らの行動を正当化する言葉が、「文明化の使命」であった。ヨーロッパは、ヨーロッパ外の遅れた世界を文明化することが使命だと、非ヨーロッパ人ではなく、ヨーロッパ人自身がいったのである。

だが、その「文明化」のなかに、植民地の民主化、議会制民主主義の進展は含まれてはいなかった。「文明化の使命」とは、あくまでヨーロッパ人に役立つ人間の育成を意味したのである。

植民地の原材料は、ヨーロッパ船によって、ヨーロッパに輸送された。植民地は第一次産品を輸出する地域にとどまり、そのため工業化はできなかった。植民地は貧しく、「文明化した暮らし」はできなかったのだ。識字率の上昇など、教育水準の向上によって市民社会を形成することは許されなかった。

ヨーロッパが植民地に平気で押しつけた不平等条約は、本来は互いに対等の立場に立つ、平等な条約であるべきだった。だがヨーロッパの軍事的優位は明らかであり、ヨーロッパ諸国は、軍事的脅威をちらつかせながらアジアやアフリカ諸国と不平等条約を結んだ。この条約は「自発的」に結んだために有効であり、条約の内容を変更する必要はないという理屈がまかり通った。不平等条約を結ばされた国は、なかなか経済成長ができなかった。

それが、「文明化の使命」の実態だったのである。

さらに、「文明化の使命」は、イギリスのヘゲモニーと大きく結びついていた。ヨーロッパ諸国は、たしかに政治的・経済的に、帝国主義的な競争をした。その勝者は明らかにイギリスであり、イギリス、正確にはその首都であるロンドンは、世界貿易の決済の中心となった。ヨーロッパ諸国は、イギリス船を利用して貿易をおこない、イギリスのロイズで海上保険をかけ、さらにロンドンの金融市場が機能しないと貿易決済ができなかった。ヨーロッパ諸国と植民地との経済関係は、究極的にはこの仕組みに依存していた。ヨーロッパ大陸諸国が輸入する第一次産品、輸出する工業製品の貿易は、ロンドンの金融市場で決済するほかなかったからである。

したがってヨーロッパ諸国の経済的利害は、最終的にはイギリスの手数料資本主義のそれと一致していた。さらに欧米のどの国が利益をえようと、その利益の一部は最終的に手数料という形態をとってイギリスに流れ込むことになっていた。それが、ベルエポックの経済・社会構造だったのである。

その枠組みが壊れるのは、第一次世界大戦のときのことであった。

終章

長き歴史のなかで

本書では、ヨーロッパのベルエポックと呼ばれる時代を扱った。それは、長期にわたるヨーロッパの発展の一部であったばかりか、それ以降の世界にも大きな影響を及ぼした時代であった。

終章では、本書での議論を再度まとめて提示するが、それはより長期にわたる歴史の一部であることを読者に理解していただくことを目的としている。

†「ヨーロッパの世紀」の実相

一四一五年にセウタを攻略し、最初の植民地を建設してから、ヨーロッパは、最初は少しずつ、一九世紀、とくに一八一五年のウィーン条約締結後、急速に植民地を増加させていった。一九世紀（より正確には一八一五～一九一四）こそ「ヨーロッパの世紀」と呼ばれる時代であり、ヨーロッパ人にとっての「ベルエポック」であった。

ヨーロッパは高緯度に位置し、植生が貧しかったため、生活水準を上昇させるためには、対外進出をし、ヨーロッパ外世界から砂糖、コーヒー、茶、カカオ、綿などの消費財を輸入し、ジャガイモやトマトなどをヨーロッパ内部で栽培したのである。とくにジャガイモと砂糖は、ヨーロッパ人にとって重要なカロリーベースを形成した。このシステムが完成したのは、一九世紀のことであった。「ヨーロッパの世紀」は、このシステムをベースにして形成されたのである。

そして、ヨーロッパが最盛期を迎えるにつれ、アフリカやアジアの諸地域はヨーロッパに従属させられることになり、植民地になった。ヨーロッパは「文明化の使命」という言葉を掲げていたように、植民地の人々を教育するという態度をとった。しかし、現実には、被植民地人は明らかにヨーロッパ人より劣った存在とされ、彼らは決してヨーロッパ人のような待遇を受けることはなかった。

だが、ヨーロッパの存在には、被植民地人の協力が不可欠であった。そもそもヨーロッパの工業化に必要な原材料は、彼らの植民地から輸入された。ヨーロッパは、原材料の輸入のためにも、植民地を政治的に支配する必要があったのである。もし植民地が民主化し、自由に貿易ができるようになっていたなら、ヨーロッパ諸国は工業化ができなくなってしまったであろう。

それが、「ヨーロッパの世紀」の実相であった。

†市場の発展とヨーロッパ人の生活水準の上昇

第三章では「勤勉革命」を取り上げた。それによると、ヨーロッパ人は、近世から近代にかけ、より多く働き、生活水準を上昇させたというのである。

しかし、現実にヨーロッパ人の労働時間が増えたかどうかはわからない。家庭内での労働時間は、現実には計測不可能であり、また農業社会では、労働時間と非労働時間の区別が困難だからである。

農業社会から工業社会へと移行することによって、人々は労働時間を可視化することができるようになった。そして、人々は市場で商品を購入するために、市場での労働時間を増加させた。エンゲルスの『イギリスにおける労働者階級の状態』は、そのような状況において、工場労働者が過酷な労働状態にあったことを論じた書物であるが、現実には、労働者の労働状況は、それ以前から絶えず過酷だったのである。

ヨーロッパに流入した消費財を、ヨーロッパ人は大量に購入するようになった。それにより人々の生活水準は上昇し、ヨーロッパの市民社会の基盤の一つを形成した。生活水準が上昇しなかったとすれば、富が増加し政治に参加することを前提とする市民社会ができるはずはなかったからである。

人々の富の増加は、余暇の時間も増加させた。余暇のために金銭を使う余裕が生まれ、余暇をすごす方法の一つとして、ツーリズムが成長した。ツーリズムにより、人々は、ふだん自分たちがすごさない場所へと移動した。そうして余暇の使い方も、市場経済の発展の枠内で進んでいったのだ。しかも、ヨーロッパ人はヨーロッパ外世界へとツアーで出かけるようになった。

余暇の過ごし方も、帝国主義と同じ軌跡を描いていたのである。

†グローバリゼーションとイギリス

一九世紀になると、世界は急速にグローバル化した。その中核となったのは、イギリスが、蒸気船と鉄道により、世界を縮めたことであった。イギリスは世界の海運業の中心となり、世界の多くの商品が、イギリス船によって輸送された。それによって世界の市場は一体化していったのである。

しかも、ヨーロッパの貧民は、より高い賃金を求めて、アメリカ大陸へと出かけていった。アメリカ大陸では人口が少なく、労働者は不足しており、ヨーロッパよりも賃金が高い傾向にあった。主としてイギリスの蒸気船で、ヨーロッパからアメリカ大陸へと労働者が輸送されたのである。

一九世紀になると、ヨーロッパ全体で工業化が進展したばかりか、アメリカ合衆国でも工業化が生じた。一八九〇年代から、イギリスの工業は、ドイツやアメリカに追いつき、追い越されるようになった。

世界経済が成長し、国際貿易が増えると、その決済は、ロンドンで実行されることになった。すなわち、イギリスはたとえ「世界の工場」でなくなったとしても、世界経済が成長することからえられる手数料収入により大きな利益を獲得することが期待できたのである。

この「手数料資本主義」が、イギリスのヘゲモニーの根幹をなした。

帝国主義時代には、欧米各国が植民地を獲得するために競争した。政治的には、帝国主義時代とは、欧米列強が激しく競争した時代だと位置づけられるであろうが、その一方で、経済的には、ロンドンでの決済が円滑におこなわれなければ、帝国主義は機能しなかった。「ヨーロッパの世紀」の成立と発展は、ロンドン金融市場の機能に依存していたのである。

十一九世紀の負の遺産

一見頑健にみえた一九世紀のヨーロッパは、じつは案外脆かった。一九世紀のヨーロッパは、「大きな戦争がなく、ヨーロッパが戦争のために被植民地人の力を借りない」「ヨーロッパが自由に世界の土地を線引きできる」という前提のもとに築かれていたが、第一次世界大戦によって、一挙に崩壊することになったのだ。

イギリスは第一次世界大戦でインド人兵士の力を借りて戦争を遂行し、しかも戦後に独立を与えるという約束を守らなかった。そのため大戦後、インドとの関係を大きく悪化させることになった。

イギリスにかぎらず、ヨーロッパ諸国は、もはや植民地を軍事力によって抑えておくことが不可能になっていった。また第一次世界大戦時のどさくさにまぎれて、日本は、アジアのヨーロッパ市場に進出していった。

さらに重要なのは、アメリカの台頭であった。アメリカは、ヨーロッパに対して干渉をしてこなかったけれども、一九一七年、連合国側について第一次世界大戦に参戦し、それが戦争の終結に決定的な出来事となった。

大戦後、ニューヨークは、ロンドンとともに世界の二大金融市場になり、イギリスが享受していたヘゲモニーの座は失われた。もはやイギリスの手数料資本主義は以前のようには機能しなくなった。

「ヨーロッパの世紀」がイギリスの金融市場と不即不離の関係にあった以上、ヨーロッパの衰退は必然であった。ヨーロッパにとって、ベルエポックは「昨日の世界」になったのである。

だが、問題はそれにとどまらなかった。ヨーロッパ人が「文明化の使命」という綺麗事を並べたにもかかわらず、植民地の政治制度をあくまでヨーロッパに奉仕するものにとどめようとしたために、植民地の政治は、なかなか安定しなかった。しかも世界の植民地の区分けを、地元の事情を無視してヨーロッパ人が都合の良いようにおこなったため、民族と領土が一致しないなど、さまざまな問題が生じた。こんにちの中東で生じている問題の一部は、欧米列強が、国境線を、現実の国家や民族よりも帝国主義諸国の利害に沿って引いたことによる。

さらに東南アジア諸国は、第二次世界大戦後もしばらくのあいだ騒乱が続いたが、その要因の一部に、ヨーロッパによる統治があったことも否定できない。ヨーロッパの統治は、彼らの民主主義を発展させるのではなく、阻害することになったのだ。たとえば現在もなおASEAN諸国間の移動では飛行機がもっとも便利な手段であり、都市部を含め鉄道はあまり普及していない。ヨーロッパは東南アジアの交通システムを発展させなかった。便利な交通手段というインフラを欠いた地域の経済成長は、かなり困難である。今後のASEAN諸国の経済成長の阻害要因を、ヨーロッパがつくったのである。

たしかに、科学技術の発達や民主主義政治をはじめとして、ヨーロッパ諸国は大きな正の遺産を世界に残した。しかしまた負の遺産も、大量に残した。二〇世紀とは、ヨーロッパによる正の遺産と負の遺産の両方を受け継ぎ、大きな進歩があった半面、負の遺産が発生させた問題を解決することを余儀なくされた世紀であった。

ヨーロッパ自身も、そのツケを払わされている。EUからイギリスが離脱し、カタルーニャがスペインから独立しようという動きは、その一部である。現在のイギリスはイングランド、スコットランド、ウェールズ、さらに北アイルランドからなる王国である。イングランドがずっと中心に位置してきたが、それを嫌うスコットランドの独立運動が生じている。

イギリスは世界各地に植民地をもち、そこからえられる利益がイングランド以外にもおよんだため一国としてのまとまりがあったが、帝国の喪失により、イングランドから独立してEUの一部になろうとするスコットランドと、ヨーロッパ大陸の利害関係から離脱しようとするイングランドの利害は異なってきたのである。

カタルーニャの独立運動は、バスクの民族問題がその根底にあるとはいえ、もはやスペインの一地域であることで、スペイン帝国の利益をえることができなくなってきたことも関係しているように思われる。

第二次世界大戦後、植民地を失い、植民地の収奪による利益を獲得できなくなったヨーロッパでは、今後も国家の分裂が生じたとしても不思議ではあるまい。

ヨーロッパが帝国をもったことの負の遺産は、世界のあちこちに現れているのである。逆にいえば、一九世紀のヨーロッパは、それほど大きな影響を世界におよぼしたのだ。ヨーロッパの世紀の遺産は、現代の社会を動かす要因として無視できないのである。

あとがき

私の本来の専門は、近世のヨーロッパ史である。したがって、近代のヨーロッパに関する論考は、これまで書いたことはなかった。

しかし、ヨーロッパが本当に偉大だったのは一九世紀だけであったと考えるようになると、私の研究そのものが、一九世紀のヨーロッパで築かれた枠組みによって形成された学問体系によって決定づけられている面があるのだから、近代にあたる一九世紀のヨーロッパ史を知らなければならないという気持ちがだんだんと湧いて出るようになってきたのである。

それを決定的なものにしたのは、ちくま新書から二〇一五年に『ヨーロッパ覇権史』を上梓したときのことであった。同書は基本的に近世のヨーロッパ拡大史を扱ったものである。大航海時代に、ヨーロッパが対外進出をし、ヨーロッパが、そして世界が大きく変わったのは歴史上の事実である。だがその拡大は、一九世紀の帝国主義時代のそれと比較するなら、あまり大したものではなかった。大航海時代とは、帝国主義への前奏曲であった。われわれが現在イメージするヨーロッパは、本質的には帝国主義時代の遺産だとするならば、ヨーロッパ史を研究する人間として、私なりに、ヨーロッパのベルエポックを書いてみようと思ったのである。

一九世紀のヨーロッパ史の研究は、邦文だけでも無数にあり、どのような研究者であれ、そのおもだった文献であっても、すべて読んだうえで執筆するのは不可能である。必然的に、叙述の対象は絞られる。とはいえ一般的に、ヨーロッパの市民社会の誕生、そして帝国主義が対象となることはほぼ確実である。本書も、その伝統に従って書かれている。

ほとんどの場合、この二つは別々に論じられており、帝国主義があったからこそ、市民社会がヨーロッパで誕生したという発想はないように思われる。しかし、ヨーロッパが豊かになったのは、ヨーロッパ外世界から商品を輸入したからだということを忘れてはならない。

ヨーロッパの市民社会は、ヨーロッパ外世界からの商品の流入によって、ヨーロッパ人が豊かになったからこそ可能になったのである。そしてヨーロッパ人は、本来ならば被植民地人に付与されるべき富や人権を与えなかった。だからこそヨーロッパ人は、本来もつべきよりも多くの富を入手することができたのである。

ヨーロッパがアジアよりも経済力がついたのは、工業化による成果だけではなかった。そもそもヨーロッパは、自国船でアジアに向かった。もともとはアジアの船舶が活躍していた地域で、ヨーロッパの船舶が増大していった。すなわち、ヨーロッパは、まず海上ルートでの物流システムを支配するようになったのであり、ヨーロッパの世界支配は、そもそもそこに起因したのである。

だが、そのようなことは、これまでほとんど論じられてこなかったのである。

人口に膾炙しているウォーラーステインの近代世界システムによれば、一六世紀頃に北西ヨーロッパを中心に世界システムが生まれ、そのシステムは世界中に広まった。ウォーラーステインは工業・商業・金融業の三分野で他国よりも経済力がある国をヘゲモニー国家と呼び、一七世紀中葉のオランダ、一八七〇年頃から一九一四年のイギリス、第二次世界大戦後からベトナム戦争までのアメリカ合衆国がそれにあたるとした。

しかし、そのような考え方でヘゲモニー国家を論じるのは、決して現実的ではない。

近代社会の特徴は持続的経済成長にあり、経済は常に成長し続けていることが前提とされている。現在においても、先進国と発展途上国の経済水準の差異は拡大しているが、経済成長自体は続いている。経済成長がどこにでもある以上、ヘゲモニー国家とは、世界が経済成長することにより利益を獲得できる国でなければならない。したがって、工業化によってヨーロッパ諸国が経済成長をしていた時代に、その商品の物流、国際貿易の決済、保険の多くを担っていたイギリスが、一八七〇年頃から第一次世界大戦がはじまるまでヘゲモニー国家であったのは、当然のことなのである。

ヨーロッパのベルエポックとは、イギリスのヘゲモニーに依存していたのである。工業化の時代のヘゲモニー国家が、工業国家である必要はないのだ。

本書の骨格はこのようなものである。それが正鵠を射ているかどうか、さらに新しい視点を提示しているかどうかは、読者の皆さんに判断していただくほかない。

本書の執筆にあたっては、前著と同様、編集者の河内卓さんに大変お世話になった。記してお礼申し上げる。

また、本書の執筆は、三〇年ほど前から一〇年間ほど出席した「イギリス都市生活史研究会」での議論がなければ、不可能であったろう。あの頃は余暇というものがどういうものであったのかよくわかっていなかったが、本書の上梓により、ずいぶんと時間がかかってしまったけれども、ようやく余暇に関する私の考え方を打ち出すことができた。同研究会のリーダーであった故角山栄先生の学恩に少しでも報いることができていることを切に願う。

玉木俊明

二〇一八年四月　京都にて

主要参考文献

欧文文献

Ahonen, Kalevi, *From Sugar Triangle to Cotton Triangle: Trade and Shipping between America and Baltic Russia, 1783-1860*, Jyväskylä, 2005.

Ahvenainen, Jorma, *The Far Eastern Telegraphs: The History of Telegraphic Communications between the Far East, Europe and America before the First World War*, Helsinki, 1981.

Ahvenainen, Jorma, *The History of the Caribbean Telegraphs before the First World War*, Helsinki, 1996.

Atwell, William S., "International Bullion Flows and the Chinese Economy circa 1530-1650", *Past & Present*, No.95, 1982, pp.68-90.

Atwell, William S., "Ming China and the Emerging World Economy, c.1470-1650", Denis Twitchett and Frederick W. Mote (eds.), *The Cambridge History of China*, Vol. 8, *The Ming Dynasty, 1368-1644, Part 2*, 1998, pp.376-416.

Bairoch, Paul, *Cities and Economic Development: From the Dawn of History to the Present*, Chicago, 1991.

Berg, Maxine and Felicia Gottmann, Hanna Hodacs, Chris Nierstrasz(eds.), *Goods from the East, 1600-1800: Trading Eurasia*, London, 2015.

Bosma, Ulbe, *The Sugar Plantation in India and Indonesia: Industrial Production, 1770-2010*, Cambridge, 2013.

Brahm, Felix and Eve Rosenhaft (eds.), *Slavery Hinterland: Transatlantic Slavery and Continental Europe, 1680-1850*, Cumberland, 2016.

Brezis, Elise S. "Foreign Capital Flows in the Century of Britain's Industrial Revolution: New Estimates, Controlled Conjectures",

The Economic History Review, 2nd ser., Vol.48. No.1, 1995, pp.46-67.

Cain, P. J., and A. G. Hopkins, *British Imperialism: 1688-2000*, 2nd edition, London, 2003.

Chaudhuri, K. N.,*The Trading World of Asia and the English East India Company*, Cambridge, 2006.

Chaudhury, Sushil, "Trading Networks in a Traditional Diaspora: Armenians in India, c.1600-1800", Ina Baghdiantz McCabe, Gelina Harlaftis and Ioanna Pepelasis Minoglou (eds.), *Diaspora Entrepreneurial Networks: Four Centuries of History*, New York, 2005.

Cipolla, Carlo M. (ed.), *Fontana Economic History of Europe*, 7 Vols., Glasgow, 1970.

Coats, A. W., "Changing Attitudes to Labour in the Mid-Eighteenth Century", *The Economic History Review*, 2nd ser., Vol. 11, No.1, 1958, pp.35-51.

Coleman, D. C.,"Labour in the English Economy of the Seventeenth Century", *The Economic History Review*, 2nd ser., Vol. 8, No. 3, 1956, pp.280-295.

Cookson, Gillian, *The Cable: The Wire that Changed the World*, Stroud, 2003.

Cushman, Jennifer Wayne, *Fields from the Sea: Chinese Junk Trade with Siam during the Late Eighteenth and Early Nineteenth Century*, New York, 1993.

Das Gupta, Ashin, *The World of the Indian Ocean Merchant 1500-1800*, New Delhi, 2001.

Davis, Ralph, *The Rise of the Atlantic Economies*, London, 1973.

De Vries, Jan, *European Urbanization 1500-1800*, Cambridge Mass., 1984.

De Vries, Jan, "Connecting Europe and Asia: A Quantitative *Analy-*

sis of the Cape-Route Trade, 1497-1795", Dennis Flynn, Arturo Giraldez and Richard von Glahn (eds.), *Global Connections and Monetary History, 1470-1800*, Aldershot, 2003, pp.35-106.

De Vries, Jan, *The Industrious Revolution: Consumer Behavior and the Household Economy, 1650 to the Present*, Cambridge, 2008.

De Vries, Jan, "The Limits of Globalization in the Early Modern World", *The Economic History Review*, 2nd ser., Vol. 63, No. 3 2010, pp. 710-733.

De Vries, Jan and Ad van der Woude, *The First Modern Economy: Success, Failure, and Perseverance of the Dutch Economy, 1500-1815*, Cambridge, 1997.

Decorse, Christopher R., "Culture Contact, Continuity, and Change on the Gold Coast, AD 1400-1900", *The African Archaeological Review*, Vol. 10, 1992, pp. 163-196.

Dermigny, Louis, *La Chine et l'Occident : le commerce à Canton au XVIIIe siècle: 1719–1833*, T. 2., Paris, 1964.

Dubin, Lois, "Introduction: Port Jews in the Atlantic World 'Jewish History'", *Jewish History*, Vol. 20, No. 2, 2006, pp. 117-127.

Engineer, Urmi,"Sugar Revisited: Sweetness and the Environment in the Early Modern World", Anne Gerritsen and Giorgio Riello (eds.), *The Global Lives of Things: The Material Culture of Connections in the Early Modern World*, London and New York, 2015.

Galloway, J. H., *The Sugar Cane Industry: An Historical Geography from its Origins to 1914*, Cambridge, 2005.

Giraldez, Arturo, *The Age of Trade: The Manila Galleons and the Dawn of the Global Economy*, London, 2015.

Hellman, Lisa, *Navigating the Foreign Quarters : Everyday Life of the Swedish East India Company Employees in Canton and Macao 1730–1830*, Stockholm, 2015.

Hope, Ronald, *A New History of British Shipping*, London, 1990.

Humphries, Jane, *Childhood and Child Labour in the British Industrial Revolution*, Cambridge, 2011.

Hunter, F. Robert, "Tourism and Empire: The Thomas Cook & Son Enterprise on the Nile, 1868-1914", *Middle Eastern Studies*, Vol. 40, No. 5, 2004, pp. 28-54.

Jordan, Ellen, *The Women's Movement and Women's Employment in Nineteenth Century Britain*, London and New York, 1999.

Kaukiainen, Yrjö, "Shrinking the world: Improvements in the Speed of Information Transmission, c. 1820-1870", *European Review of Economic History*, Vol.5, No.1, 2001, pp.1-28.

Kingston, Christopher, "Marine Insurance in Britain and America, 1720-1844: A Comparative Institutional Analysis", *The Journal of Economic History*, Vol. 67, No. 2, 2007, pp. 379-409.

Liang-lin, Hsiao, *China's Foreign Trade Statistics, 1864-1949*, Cambridge Mass., 1974.

Liu, Kwang-Ching, "Steamship Enterprise in Nineteenth-Century China", *The Journal of Asian Studies*, Vol. 18, No. 4, 1959, pp. 435-455.

Lobo-Guerrero, Luis, *Insuring War: Sovereignty, Security and Risk*, London and New York, 2013.

Manes, Alfred, "Outlines of a General Economic History of Insurance", *The Journal of Business of the University of Chicago*, Vol. 15, No.1, 1942, pp. 30-48.

Markovits, Claude, *The Global World of Indian Merchants, 1750-1947*, Cambridge, 2000.

Martin, Frederick, *The History of Lloyd's and of Marine Insurance in Great Britain: With an Appendix Containing Statistics Relating to Marine Insurance*, London, 1876 (2015).

Miller, Rory, *Britain and Latin America in the Nineteenth and Twentieth Centuries*, London and New York, 2013.

Moore, Jason W. "Sugar and the Expansion of the Early Modern World-Economy:Commodity Frontiers, Ecological Transformation, and Industrialization", *Review (Fernand Braudel Center)*, Vol. 23, No. 3, 2000, pp. 409-433.

O'Brien, Patrick Karl and Caglar Keyder, *Economic Growth in Britain and France 1780-1914: Two Paths to the Twentieth Century*, London, 1978.

O'Rourke, Kevin H, "The Era of Free Migration: Lessons for Today", Prepared for presentation at conference on Globalization, the State and Society, Washington University, 13-14 November 2003, pp.1-31.

O'Rourke, Kevin H. and Jeffrey G. Williamson, *Globalization and History: The Evolution of a Nineteenth-Century Atlantic Economy*, Cambridge Mass. and London, 1999.

Osterhammel, Jürgen, *Die Entzauberung Asiens: Europa und die asiatischen Reiche im 18. Jahrhundert*, München, 2010.

Parthasarathi, Prasannan, *Why Europe Grew Rich and Asia Did Not*, Cambridge, 2011.

Pearson, Robin, "Towards an Historical Model of Services Innovation: The Case of the Insurance Industry, 1700-1914", *The Economic History Review*, 2nd ser., Vol. 50, No. 2, 1997, pp.235-256.

Pearson, Robin (ed.), *The Development of International Insurance*, London and New York, 2016.

Pye, Michael, *Am Rand der Welt: Eine Geschichte der Nordsee und der Anfänge Europas*, Frankfurt am Main, 2017.

Qing, Han "Western Steamship Companies and Chinese Seaborne Trade during the Late Qing Dynasty, 1840–1911", *International Journal of Maritime History*, Vol.27, No. 3, 2015, pp. 537–559.

Riello, Giorgio, *Cotton: The Fabric that Made the Modern World*, Cambridge, 2013.

Riello, Giorgio and Prasannan Parthasarathi (eds.), *The Spinning World: A Global History of Cotton Textiles, 1200-1850*, Oxford, 2011.

Schurz, William Lytle, *The Manila Galleon*, New York, 1959.

Schwartz, Stuart B., "A Commonwealth within Itself. The Early Brazilian sugar industry, 1550-1670", Stuart B. Schwartz (ed.), *Tropical Babylons: Sugar and the Making of the Atlantic World, 1450-1680*, Chapel Hill and London, 2004, pp.158-200.

Shepherd, James F., *Shipping, Maritime Trade, and the Economic Development of Colonial North America*, Cambridge, 1972.

Stols, Eddy, "The Expansion of the Sugar Market in Western Europe", Stuart B. Schwartz (ed.), *Tropical Babylons: Sugar and the Making of the Atlantic World, 1450-1680*, Chapel Hill and London, 2004, pp.237-288.

Stone, Irving, "British Long-Term Investment in Latin America, 1865-1913", *The Business History Review*, Vol. 42, No. 3, 1968, pp. 311-339.

Stone, Irving, *The Global Export of Capital from Great Britain, 1865-1914:A Statistical Survey*, London and New York, 1999.

Straus, André and Leonardo Caruana de las Cagigas (eds.), *Highlights on Reinsurance History (Enjeux Internationaux / International Issues)*, Bern, 2017.

Supple, Barry, *The Royal Exchange Assurance: A History of British Insurance 1720-1970*, Cambridge, 1970.

Thomas, P. J., *Mercantilism and the East India Trade: An Early Phase of the Protection V. Free Trade Controversy*, London, 1926 (1963).

Vries, Peer, *Escaping Poverty: The Origins of Modern Economic Growth*, Vienna, 2013.

Vries, Peer, *State, Economy and the Great Divergence: Great Britain*

and China, 1680s-1850s, London and New York, 2015.

邦文文献

石井摩耶子『近代中国とイギリス資本――19世紀後半のジャーディン・マセソン商会を中心に』東京大学出版会、1998年。

石坂昭雄「ベルギーの経済発展とヨーロッパ経済――その経済史的考察（1830-1914）」『經濟學研究』第45巻2号、61-76頁。

尾上修悟『イギリス資本輸出と帝国経済――金本位制下の世界システム』ミネルヴァ書房、1996年。

川北稔『工業化の歴史的前提――帝国とジェントルマン』岩波書店、1983年。

川北稔『砂糖の世界史』岩波ジュニア新書、1996年。

川北稔『民衆の大英帝国――近世イギリス社会とアメリカ移民』岩波現代文庫、2008年。

川北稔編『「非労働時間」の生活史――英国風ライフ・スタイルの誕生』リブロポート、1987年。

川本静子『ガヴァネス（女家庭教師）――ヴィクトリア時代の＜余った女＞たち』中公新書、1994年。

北原靖明『インドから見た大英帝国――キプリングを手がかりに』昭和堂、2004年。

工藤庸子『近代ヨーロッパ宗教文化論――姦通小説・ナポレオン法典・政教分離』東京大学出版会、2013年。

佐竹真一「ツーリズムと観光の定義――その語源的考察、および、初期の使用例から得られる教訓」『大阪観光大学紀要』開学10周年記念号、2010年、89-98頁。

杉原薫「近代世界システムと人間の移動」『岩波講座　世界歴史19　移動と移民――地域を結ぶダイナミズム』岩波書店、1999年、3-64頁。

鈴木成高『ヨーロッパの成立・産業革命』燈影舎、2000年。

玉木俊明「ガーシェンクロン著「歴史的観点からみた経済的後発

性」の今日的意義」『京都マネジメント・レビュー』第８号、2005年、85-98頁。

玉木俊明『近代ヨーロッパの形成――商人と国家の近代世界システム』創元社、2012年。

玉木俊明『海洋帝国興隆史――ヨーロッパ・海・近代世界システム』講談社選書メチエ、2014年。

玉木俊明『ヨーロッパ覇権史』ちくま新書、2015年。

玉木俊明『＜情報＞帝国の興亡――ソフトパワーの五〇〇年史』講談社現代新書、2016年。

玉木俊明『物流は世界史をどう変えたのか』PHP新書、2018年。

角山栄「世界資本主義形成の論理的構造」河野健二・飯沼二郎編『世界資本主義の歴史構造』岩波書店、1970年。

角山栄『「通商国家」日本の情報戦略――領事報告をよむ』NHKブックス、1988年。

角山栄・村岡健次・川北稔『生活と世界歴史10　産業革命と民衆』河出文庫、1992年。

角山栄・川北稔編『路地裏の大英帝国――イギリス都市生活史』平凡社、1982年。

角山栄他責任編集『講座 西洋経済史』全５巻、同文館出版、1979-80年。

寺村輝夫『アフリカのシュバイツァー』童心社、1978年。

永島剛「近代イギリスにおける生活変化と〈勤勉革命〉論――家計と人々の健康状態をめぐって」『専修経済学論集』第48巻２号、2013年、161-172頁。

中野明『腕木通信――ナポレオンが見たインターネットの夜明け』朝日選書、2003年。

西村閑也・鈴木俊夫・赤川元章編著『国際銀行とアジア――1870～1913』慶應義塾大学出版会、2014年。

濱下武志『中国近代経済史研究――清末海関財政と開港場市場圏』汲古書院、1989年。

濱下武志『近代中国の国際的契機――朝貢貿易システムと近代アジア』東京大学出版会、1990年。

速水融『近世日本の経済社会』麗澤大学出版会、2003年。

堀和生編著『東アジア資本主義史論Ⅱ――構造と特質』ミネルヴァ書房、2008年。

堀和生『東アジア資本主義史論Ⅰ――形成・構造・展開』ミネルヴァ書房、2009年。

本城靖久『トーマス・クックの旅――近代ツーリズムの誕生』講談社現代新書、1996年。

松浦章『汽船の時代――近代東アジア海域』清文堂、2013年。

南直人『ヨーロッパの舌はどう変わったか――十九世紀食卓革命』講談社選書メチエ、1998年。

吉岡昭彦『近代イギリス経済史』岩波全書、1981年。

若土正史「大航海時代におけるポルトガルの海上保険の活用状況――特にインド航路について」『保険学雑誌』第628号、2015年、117-137頁。

邦文翻訳文献

アミーチス，エドモンド・デ『クオーレ』和田忠彦訳、平凡社ライブラリー、2007年。

アレン，ロバート・C『なぜ豊かな国と貧しい国が生まれたのか』グローバル経済史研究会訳、NTT 出版、2012年。

アレン，R・C『世界史のなかの産業革命――資源・人的資本・グローバル経済』眞嶋史叙・中野忠・安元稔・湯沢威訳、名古屋大学出版会、2017年。

ヴェブレン，ソースタイン『有閑階級の理論［新版］』村井章子訳、ちくま学芸文庫、2016年。

ヴェルヌ，ジュール『八十日間世界一周』田辺貞之助訳、創元SF文庫、1976年。

ウォーラーステイン，I『近代世界システム』川北稔訳、Ⅰ～Ⅳ、

名古屋大学出版会、2013年。

エンゲルス『イギリスにおける労働者階級の状態』上、浜林正夫訳、新日本出版社、2000年。

オーウェル，ジョージ『オーウェル評論集』小野寺健編訳、岩波文庫、1982年。

オブライエン，パトリック『帝国主義と工業化1415～1974——イギリスとヨーロッパからの視点』秋田茂・玉木俊明訳、ミネルヴァ書房、2000年。

カーティン，フィリップ『異文化間交易の世界史』田村愛理・中堂幸政・山影進訳、NTT 出版、2002年。

カービー，デヴィド、ヒンカネン、メルヤ-リーサ『ヨーロッパの北の海——北海・バルト海の歴史』玉木俊明・牧野正憲・谷澤毅・根本聡・柏倉知秀訳、刀水書房、2011年。

ケイン，P・J、ホプキンズ，A・G『ジェントルマン資本主義の帝国』I・II、竹内幸雄・秋田茂／木畑洋一・旦祐介訳、名古屋大学出版会、1997年。

コルバン，アラン『浜辺の誕生——海と人間の系譜学』福井和美訳、藤原書店、1992年。

コルバン，アラン編者『レジャーの誕生』渡辺響子訳、藤原書店、2000年。

ストレンジ，スーザン『国際政治経済学入門——国家と市場』西川潤・佐藤元彦訳、東洋経済新報社、1994年。

ツヴァイク，シュテファン『昨日の世界』I、原田義人訳、みすず書房、1999年。

デブリン，キース『世界を変えた手紙——パスカル、フェルマーと〈確率〉の誕生』原啓介訳、岩波書店、2010年。

ナーディネリ，クラーク『子どもたちと産業革命』森本真美訳、平凡社、1998年。

ブレンドン，ピアーズ『トマス・クック物語——近代ツーリズムの創始者』石井昭夫訳、中央公論社、1995年。

ヘッドリク，D・R『インヴィジブル・ウェポン――電信と情報の世界史1851-1945』横井勝彦・渡辺昭一監訳、日本経済評論社、2013年。

マグヌソン，L『産業革命と政府――国家の見える手』玉木俊明訳、知泉書館、2012年。

マディソン，アンガス『世界経済史概観――紀元1年-2030年』政治経済研究所監訳、岩波書店、2015年。

URL
Trans-Atlantic Slave Trade Database
http://www.slavevoyages.org/assessment/estimates

ちくま新書
1335

ヨーロッパ 繁栄《はんえい》の19世紀史《せいきし》
――消費社会《しょうひしゃかい》・植民地《しょくみんち》・グローバリゼーション

二〇一八年六月一〇日 第一刷発行

著　者　玉木俊明（たまき・としあき）
発行者　山野浩一
発行所　株式会社 筑摩書房
東京都台東区蔵前二-五-三 郵便番号一一一-八七五五
振替〇〇一六〇-八-四一二三
装幀者　間村俊一
印刷・製本　三松堂印刷 株式会社

〒三三一-八五〇七 さいたま市北区櫛引町二-六〇四
筑摩書房サービスセンター 電話〇四八-六五一-〇〇五三

ISBN978-4-480-07148-4 C0222

955
ルポ 賃金差別
竹信三恵子
パート、嘱託、派遣、契約、正規……。同じ仕事内容でも、賃金に差が生じるのはなぜか？　非正規雇用という現代の「身分制」をえぐる、衝撃のノンフィクション！

1138
ルポ 過労社会
――八時間労働は岩盤規制か
中澤誠
長時間労働が横行しているのに、さらなる規制緩和は必要なのか？　雇用社会の死角をリポートし、「働きすぎの日本人」の実態を問う。佐々木俊尚氏、今野晴貴氏推薦。

1020
生活保護
――知られざる恐怖の現場
今野晴貴
高まる生活保護バッシング。その現場では、いったい何が起きているのか。自殺、餓死、孤立死……。追いつめられ、命までも奪われる「恐怖の現場」の真相に迫る。

1241
不平等を考える
――政治理論入門
齋藤純一
格差の拡大がこの社会に致命的な分断をもたらしている。不平等の問題を克服するため、どのような制度を共有すべきか。現代を覆う困難にいどむ、政治思想の基本書。

1146
戦後入門
加藤典洋
日本はなぜ「戦後」を終わらせられないのか。その核心にある「対米従属」「ねじれ」の問題の起源を世界戦争に探り、憲法九条の平和原則の強化による打開案を示す。

465
憲法と平和を問いなおす
長谷部恭男
情緒論に陥りがちな改憲論議と冷静に向きあうには、そもそも何のための憲法かを問う視点が欠かせない。この国のかたちを決する大問題を考え抜く手がかりを示す。

1176
迷走する民主主義
森政稔
政権交代や強いリーダーシップを追求した「改革」がもたらしたのは、民主主義への不信と憎悪だった。その背景に何があるのか。政治の本分と限界を冷静に考える。

ちくま新書

1182
カール・マルクス——「資本主義」と闘った社会思想家
佐々木隆治
カール・マルクスの理論は、今なお社会変革の最強の武器であり続けている。最新の文献研究からマルクスの実像に迫ることで、その思想の核心を明らかにする。

922
ミシェル・フーコー——近代を裏から読む
重田園江
社会の隅々にまで浸透した「権力」の成り立ちを問い、常識的なものの見方に根底から揺さぶりをかけるフーコー。その思想の魅力と強靭さをとらえる革命的入門書！

1234
デヴィッド・ボウイ——変幻するカルト・スター
野中モモ
ジギー・スターダストの煌びやかな衝撃、『レッツ・ダンス』の世界制覇、死の直前に発表された『★』……常に変化し、世界を魅了したボウイの創造の旅をたどる。

008
ニーチェ入門
竹田青嗣
新たな価値をつかみなおすために、今こそ読まれるべき思想家ニーチェ。現代の我々をも震撼させる哲人の核心に大胆果敢に迫り、明快に説く刺激的な入門書。

029
カント入門
石川文康
哲学史上不朽の遺産『純粋理性批判』を中心に、その哲学の核心を平明に読み解くとともに、哲学者の内面のドラマに迫り、現代に甦る生き生きとしたカント像を描く。

200
レヴィナス入門
熊野純彦
フッサールとハイデガーに学びながらも、ユダヤの伝統を継承し独自の哲学を展開したレヴィナス。収容所体験から紡ぎだされた強靭で繊細な思考をたどる初の入門書。

1229
アレント入門
中山元
生涯、全体主義に対峙し、悪を考察した思想家ハンナ・アレント。その思索の本質を『全体主義の起原』『イェルサレムのアイヒマン』などの主著を通して解き明かす。

ちくま新書

932 ヒトラーの側近たち
大澤武男
ナチスの屋台骨である側近たち。ゲーリング、ヘス、ゲッベルス、ヒムラー……。独裁者の支配妄想を実現、ときに強化した彼らは、なぜ、どこで間違ったのか。

1177 カストロとフランコ――冷戦期外交の舞台裏
細田晴子
キューバ社会主義革命の英雄と、スペイン反革命の指導者。二人の「独裁者」の密かなつながりとは何か。未開拓の外交史料を駆使して冷戦下の国際政治の真相に迫る。

1278 フランス現代史　隠された記憶――戦争のタブーを追跡する
宮川裕章
第一次大戦の遺体や不発弾処理で住めない村。第二次大戦の対独協力の記憶。見捨てられたアルジェリアのフランス兵アルキ……。等身大の悩めるフランスを活写。

1295 集中講義！　ギリシア・ローマ
桜井万里子
本村凌二
古代、大いなる発展を遂げたギリシアとローマ。これらの歴史を見比べると、世界史における政治、思想、文化の原点が見えてくる。学びなおしにも最適な一冊。

1255 縄文とケルト――辺境の比較考古学
松木武彦
新石器時代、大陸の両端にある日本とイギリスは独自の非文明型の社会へと発展していく。二国を比較することでわかるこの国の成り立ちとは？　驚き満載の考古学！

1287-1 人類5000年史Ⅰ――紀元前の世界
出口治明
人類五〇〇〇年の歩みを通読する、新シリーズの第一巻、ついに刊行！　文字の誕生から知の爆発の時代まで紀元前三〇〇〇年の歴史をダイナミックに見通す。

994 やりなおし高校世界史――考えるための入試問題8問
津野田興一
世界史は暗記科目なんかじゃない！　大学入試を手掛かりに、自分の頭で歴史を読み解けば、現在とのつながりが見えてくる。高校時代、世界史が苦手だった人、必読。

ちくま新書

1147 ヨーロッパ覇権史　玉木俊明

オランダ、ポルトガル、イギリスなど近代ヨーロッパ諸国の台頭は、世界を一変させた。本書は、軍事革命、大西洋貿易、アジア進出など、その拡大の歴史を追う。

1082 第一次世界大戦　木村靖二

第一次世界大戦こそは、国際体制の変化、女性の社会進出、福祉国家化などをもたらした現代史の画期である。戦史的経過と社会的変遷の両面からたどる入門書。

935 ソ連史　松戸清裕

二〇世紀に巨大な存在感を持ったソ連。「冷戦の敗者」「全体主義国家」の印象で語られがちなこの国の内実を丁寧にたどり、歴史の中での冷静な位置づけを試みる。

1019 近代中国史　岡本隆司

中国とは何か？　その原理を解く鍵は、近代史に隠されている。グローバル経済の奔流が渦巻きはじめた時代から、激動の歴史を構造的にとらえなおす。

948 日本近代史　坂野潤治

この国が革命に成功し、わずか数十年でめざましい近代化を実現しながら、やがて崩壊へと突き進まざるをえなかったのはなぜか。激動の八〇年を通観し、捉えなおす。

1206 銀の世界史　祝田秀全

世界中を駆け巡った銀は、近代工業社会を生み世界経済の一体化を導いた。銀を読みといて、コロンブスから産業革命、日清戦争まで、世界史をわしづかみにする。

888 世界史をつくった海賊　竹田いさみ

スパイス、コーヒー、茶、砂糖、奴隷……歴史の陰には、常に奴らがいた。開拓の英雄であり、略奪者で厄介者でもあった〝国家の暴力装置〟から、世界史を捉えなおす！